무조건 따라하면 통하는

일상생활 일본어 회화 급상승

무조건 따라하면 통하는

일상생활 일본어 회화 급상승

저 자 이원준
발행인 고본화
발 행 탑메이드북
교재공급처 반석출판사
2024년 11월 10일 초판 3쇄 인쇄
2024년 11월 15일 초판 3쇄 발행
반석출판사 | www.bansok.co.kr
이메일 | bansok@bansok.co.kr
블로그 | blog.naver.com/bansokbooks

07547 서울시 강서구 양천로 583, B동 1007호
(서울시 강서구 염창동 240-21번지 우림블루나인 비즈니스센터 B동 1007호)
대표전화 02) 2093-3399 **팩 스** 02) 2093-3393
출 판 부 02) 2093-3395 **영업부** 02) 2093-3396
등록번호 제315-2008-000033호

ISBN 978-89-7172-964-9 (13730)

무조건 따라하면 통하는

일상생활 일본어 회화 급상승

탑메이드북

머리말

일본을 가깝고도 먼 나라라고 하지요. 지리적으로는 가장 가깝지만, 여러 가지 이유로 멀게 느껴지는 나라. 하지만 일본은 경제적, 문화적으로 우리나라와 교류가 활발한 나라입니다. 그러다 보니 점점 많은 사람들이 여행이나 취업 등의 이유로 일본을 찾고 있고, 그럴수록 일본어 회화의 수요도 커지고 있습니다. 꾸준히 일본어에 관심이 많았던 젊은이들뿐 아니라 중장년층에서도 일본어에 대한 관심이 높아지고 있습니다.

질문을 잘해야 답도 잘할 수 있습니다. 질문을 잘 알아들어야 정확하게 답변을 할 수 있기 때문입니다. 이 책은 그런 전제에서 시작되었습니다. 던져진 질문에 대해 대답해가는 과정을 반복하다 보면 어느새 일본어에 익숙해질 것입니다.

이 책은 총 100개의 질문을 제시하여 다양한 질문과 그 질문에 알맞은 답변을 할 수 있도록 구성하였습니다. 100개의 질문을 총 10개의 주제로 분류하여 주제에 맞는 다양한 질문을 제시하고 그에 맞는 답변들을 소개하였습니다. 또한 대화문을 통해 실제 상황에서 질문을 어떻게 활용하고 어떻게 답변하는지를 배울 수 있도록 구성하였습니다.

본문에 있는 모든 일본어 문장은 반석출판사 홈페이지에서 무료로 제공되는 mp3 파일에 녹음되어 있습니다. 본문의 QR 코드를 통해서도 음원을 들을 수 있습니다. 원어민이 녹음한 음원을 들으면서 효율적으로 공부하실 수 있으니 적극적으로 활용해 보세요.

본 교재가 학습자에게 일본어의 새로운 학습법이 되고 학습에 도움이 되기를 바랍니다.

이원준

구성

이 책은 10개의 주제로 분류하여 각 주제별로 10개의 질문으로 구성하였고, 각 질문에 답변을 제시하였습니다.

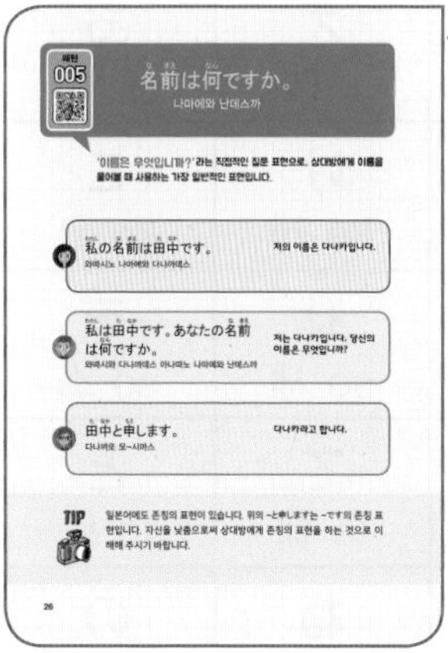

패턴 005

名前は何ですか。
나마에와 난데스까

'이름은 무엇입니까?'라는 직접적인 질문 표현으로, 상대방에게 이름을 물어볼 때 사용하는 가장 일반적인 표현입니다.

私の名前は田中です。
와따시노 나마에와 다나까데스
저의 이름은 다나카입니다.

私は田中です。あなたの名前は何ですか。
와따시와 다나까데스 아나따노 나마에와 난데스까
저는 다나카입니다. 당신의 이름은 무엇입니까?

田中と申します。
다나까또 모~시마스
다나카라고 합니다.

TIP 일본어에도 존칭의 표현이 있습니다. 위의 ~と申します는 ~です의 존칭 표현입니다. 자신을 낮춤으로써 상대방에게 존칭의 표현을 하는 것으로 이해해 주시기 바랍니다.

26

질문과 답변

타이틀이 되는 질문과 그 질문에 알맞은 답변 세 가지, 그리고 해당 페이지의 주요 표현에 대한 설명을 제시하였습니다.

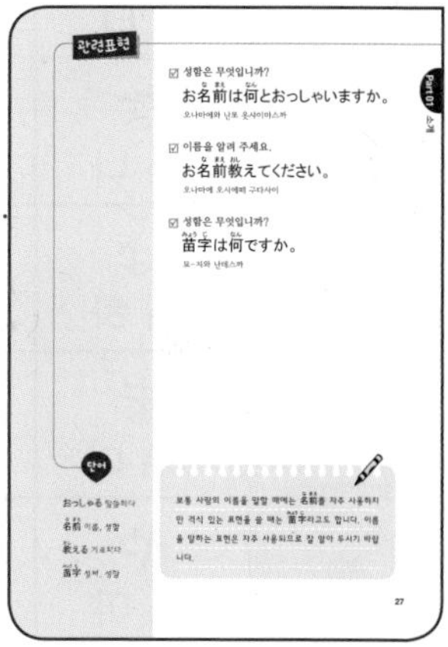

관련표현

성함은 무엇입니까?
お名前は何とおっしゃいますか。
오나마에와 난또 옷샤이마스까

이름을 알려 주세요.
お名前教えてください。
오나마에 오시에떼 구다사이

성함은 무엇입니까?
苗字は何ですか。
묘~지와 난데스까

Part 01 소개

단어
おっしゃる 말씀하다
名前 이름, 성함
教える 가르치다
苗字 성씨, 성함

보통 사람의 이름을 말할 때에는 名前를 자주 사용하지만 격식 있는 표현을 쓸 때는 苗字라고도 합니다. 이름을 말하는 표현은 자주 사용되므로 잘 알아 두시기 바랍니다.

27

관련 표현

타이틀 문장과 답변에 관련된 표현들을 네 개 제시하고 해당 페이지에 사용된 주요 단어와 팁을 정리하였습니다.

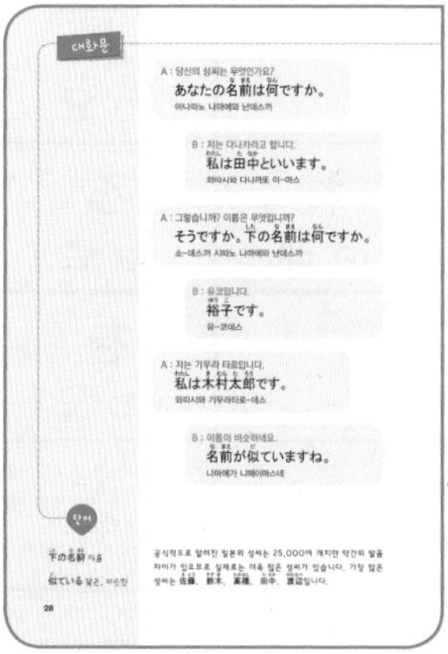

대화문

A : 당신의 성씨는 무엇인가요?
あなたの名前は何ですか。
아나따노 나마에와 난데스까

B : 저는 다나카라고 합니다.
私は田中といいます。
와따시와 다나까또 이~마스

A : 그렇습니까? 이름은 무엇입니까?
そうですか。下の名前は何ですか。
소~데스까 시따노 나마에와 난데스까

B : 유코입니다.
裕子です。
유~코데스

A : 저는 기무라 타로입니다.
私は木村太郎です。
와따시와 기무라타로~데스

B : 이름이 비슷하네요.
名前が似ていますね。
나마에가 니떼이마스네

단어
下の名前 이름
似ている 닮은, 비슷한

공식적으로 알려진 일본의 성씨는 25,000여 개지만 약간의 발음 차이가 있으므로 실제로는 더욱 많은 성씨가 있습니다. 가장 많은 성씨는 佐藤、鈴木、高橋、田中、渡辺입니다.

28

대화문

타이틀 문장을 활용한 대화문을 싣고 사용된 주요 단어와 팁을 정리하였습니다.

히라가나

단 / 행	あ	い	う	え	お
あ	あ a 아	い i 이	う u 우	え e 에	お o 오
か	か ka 카	き ki 키	く ku 쿠	け ke 케	こ ko 코
さ	さ sa 사	し shi 시	す su 스	せ se 세	そ so 소
た	た ta 타	ち chi 치	つ tsu 츠	て te 테	と to 토
な	な na 나	に ni 니	ぬ nu 누	ね ne 네	の no 노
は	は ha 하	ひ hi 히	ふ hu 후	へ he 헤	ほ ho 호
ま	ま ma 마	み mi 미	む mu 무	め me 메	も mo 모
や	や ya 야		ゆ yu 유		よ yo 요
ら	ら ra 라	り ri 리	る ru 루	れ re 레	ろ ro 로
わ	わ wa 와				を wo 오
	ん n 응				

가타카나

단 / 행	ア	イ	ウ	エ	オ
ア	ア a 아	イ i 이	ウ u 우	エ e 에	オ o 오
カ	カ ka 카	キ ki 키	ク ku 쿠	ケ ke 케	コ ko 코
サ	サ sa 사	シ shi 시	ス su 스	セ se 세	ソ so 소
タ	タ ta 타	チ chi 치	ツ tsu 츠	テ te 테	ト to 토
ナ	ナ na 나	ニ ni 니	ヌ nu 누	ネ ne 네	ノ no 노
ハ	ハ ha 하	ヒ hi 히	フ hu 후	ヘ he 헤	ホ ho 호
マ	マ ma 마	ミ mi 미	ム mu 무	メ me 메	モ mo 모
ヤ	ヤ ya 야		ユ yu 유		ヨ yo 요
ラ	ラ ra 라	リ ri 리	ル ru 루	レ re 레	ロ ro 로
ワ	ワ wa 와				ヲ wo 오
	ン n 응				

목차

Part 04 단위

Part 05 만남

목차

목차

Part 10 학습

Part 01

소개

패턴
001

こんにちは。

곤니찌와

일반적으로 こんにちは는 낮시간의 인사로 사용됩니다만, 보통 '잘 지내셨어요?' 또는 '안녕하세요?' 라는 의미를 가집니다. 처음 보는 사람과의 첫 대면 시에도 사용합니다.

こんにちは。
곤니찌와
안녕하세요.

こんにちは。お元気(げんき)ですか。
곤니찌와 오겡끼데스까
안녕하세요. 잘 지내십니까?

こんにちは。お久(ひさ)しぶりです。
곤니찌와 오히사시부리데스
안녕하세요. 오랜만이네요.

TIP

お元気(げんき)ですか는 일반적인 의미에서 '안녕하세요'라는 뜻으로 사용되며 주로 건강과 안부에 관련된 인사입니다. 위에서 설명한 こんにちは는 건강과 안부와 관련되기보다는 일반적인 인사의 의미로 사용됩니다.

관련표현

☑ 안녕하세요.(아침인사)

おはようございます。

오하요– 고자이마스

☑ 안녕하세요.(저녁인사)

こんばんは。

곤방와

☑ 잘 지냈어?

元気(げんき)。

겡끼

☑ 오늘은 날씨가 좋네요.

今日(きょう)はいいお天気(てんき)ですね。

쿄와 이– 오텐끼데스네

단어

元気(げんき) 건강, 안녕

今日(きょう) 오늘

いい 좋다, 괜찮다

天気(てんき) 날씨

일본어는 한국어와 달리 시간별로 인사하는 방법이 나누어져 있습니다. 위의 관련 표현을 통해서 하루의 시간대별로 사용되는 인사 방법을 잘 익혀서 상황에 따라 사용해 보시기 바랍니다.

대화문

A : 안녕하세요.

こんにちは。

곤니찌와

B : 안녕하세요.

こんにちは。

곤니찌와

A : 오랜만이네요.

お久(ひさ)しぶりですね。

오히사시부리데스네

B : 그러네요. 잘 지내셨어요?

そうですね。お元気(げんき)でしたか。

소-데스네 오겡끼데시타까

A : 변함없어요. 스즈키 씨는요?

相変(あいか)わらずです。鈴木(すずき)さんは。

아이카와라즈데스 스즈끼상와

B : 저도 변함없습니다.

私(わたし)も変(か)わりありません。

와따시모 카와리아리마센

단어

相変(あいか)わらず 변함없이, 그대로

鈴木(すずき) 스즈키(일본인의 성)

私(わたし) 나, 저

お久(ひさ)しぶりです는 이미 알고 있는 사람과 재회했을 때 사용되는 인사말로 '오랜만입니다'라는 뜻입니다. お~를 붙이는 것은 격식이 필요한 사이 또는 윗사람에게 사용하는 것입니다.

패턴 002

自己紹介(じこしょうかい)してくださいますか。

지꼬쇼–까이시떼 구다사이마스까

'소개 좀 해주시겠어요?'라는 의미로 사용되는 표현으로 상대방에게 상대방의 소개를 부탁할 때에 사용할 수 있는 표현입니다. 공식적인 자리에서도 자주 사용되는 표현입니다.

はい。わかりました。
하이 와까리마시다

네, 알겠습니다.

はい。私(わたし)は山村(やまむら)です。
하이 와따시와 야마무라데스

네. 저는 야마무라입니다.

では、自己紹介(じこしょうかい)します。
데와 지꼬쇼–까이시마스

그럼, 제 소개하겠습니다.

TIP

어떤 화제를 정리하거나 시작하는 시점에 사용되는 では는 それでは의 줄임말로서 '그럼' 또는 '그렇다면'의 의미입니다.

관련표현

☑ 제 소개를 하겠습니다.

私(わたし)の紹介(しょうかい)をします。

와따시노 쇼−까이오 시마스

☑ 소개해 주다.

紹介(しょうかい)してくれる。

쇼−까이시떼쿠레루

☑ 난 야마무라야.

私(わたし)は山村(やまむら)だよ。

와따시와 야마무라다요

☑ 잘 부탁합니다.

よろしくお願(ねが)いします。

요로시꾸 오네가이시마스

단어

紹介(しょうかい) 소개

山村(やまむら) 야마무라 (일본인의 성

お願(ねが)い 부탁

자신을 소개한 후에는 よろしくお願(ねが)いします라는 표현을 함께 사용하는 경우가 일반적입니다. 자신을 소개한 이후에 마무리하는 표현입니다.

대화문

A : 자기소개를 해 주시겠어요?

自己紹介(じこしょうかい)してくださいますか。

지꼬쇼-까이시떼 구다사이마스까

B : 네, 저는 김하나입니다.

はい。私(わたし)はキム・ハナです。

하이 와따시와 기무하나데스

A : 김하나 씨군요. 저는 다나카입니다.

キム・ハナさんですね。私(わたし)は田中(たなか)です。

기무하나상데스네 와따시와 다나까데스

B : 다나카 씨 잘 부탁드립니다.

田中(たなか)さん、よろしくお願(ねが)いします。

다나까상 요로시꾸 오네가이시마스

A : 저야말로 (잘 부탁드립니다).

こちらこそ。

고찌라코소

B : 만나서 기쁩니다.

会(あ)えてうれしいです。

아에떼 우레시-데스

단어

どうぞ 부디, 아무쪼록

こちらこそ 저야말로, 이쪽이야말로

こちらこそ는 상대방의 인사, 감사와 사과에 대해 정중하게 대답하면서 부드럽게 화제를 마무리하는 표현으로, '저야말로..'라는 뜻입니다.

패턴
003

さい きん
最近どうですか。

사이낀 도―데스까

'요즘은 어떠세요?'라는 뜻으로 상대방의 근황이나 안부를 물어보는 상황에 자주 사용되며, 물어보는 대상이 사람의 안부 또는 일의 진척 상황 등이 될 수도 있습니다.

とく　　か
特に変わりありません。　**별일없습니다.**
토꾸니 카와리아리마센

かぜ
風邪をひいていました。　**감기에 걸렸습니다.**
가제오 히―떼 이마시다

し ごと　　いそが
仕事で忙しかったです。　**일로 바빴습니다.**
시고또데 이소가시깟따데스

TIP

'감기'를 나타내는 風邪와 '바람'을 나타내는 風는 동일하게 かぜ로 발음됩니다. 발음은 동일하지만 한자의 차이가 있음을 기억해 두세요.

관련표현

☑ 요즘 어때?

最近(さいきん)どう。

사이낀 도-

☑ 오늘 기분 어때요?

ご機嫌(きげん)いかかですか。

고끼겐 이까가데스까

☑ 잘 지냈어?

元気(げんき)だった。

겡끼닷따

☑ 변함없어요.

相変(あいか)わらずです。

아이까와라즈데스

단어

最近(さいきん) 최근, 요즘

機嫌(きげん) 기분

最近(さいきん)どう는 보통 친근한 사이나 아랫사람에게 안부를 묻는 표현으로 사용할 수 있습니다. 처음 만나는 사람에게는 사용하지 않습니다.

대화문

A : 요즘 어떠세요?

最近(さいきん)どうですか。

사이낀 도-데스까

B : 일로 힘들었습니다.

仕事(しごと)で大変(たいへん)でした。

시고또데 다이헨데시다

A : 그러셨습니까. 오늘 밤 시간 있습니까?

そうでしたか。今夜(こんや)、時間(じかん)ありますか。

소-데시다까 콘야 지깐 아리마스까

B : 네, 있습니다.

はい、あります。

하이, 아리마스

A : 저녁식사 같이 어떠세요?

夕食(ゆうしょく)一緒(いっしょ)にどうですか。

유-쇼꾸 잇쇼니 도-데스까

B : 좋네요.

いいですね。

이-데스네

단어

大変(たいへん) 몹시, 매우

今夜(こんや) 오늘 밤

時間(じかん) 시간

夕食(ゆうしょく) 저녁식사

一緒(いっしょ)に 함께, 같이

一緒(いっしょ)にどうですか는 상대방에게 어떤 행위를 함께할 것을 부드럽게 권유하거나 의사를 확인하는 표현입니다. 특히 격식을 갖춰야 하거나 비즈니스 관계의 상대방에게 사용할 수 있습니다.

あなたは韓国人(かんこくじん)ですか。

아나따와 간꼬꾸진데스까

패턴 **004**

'당신은 한국인입니까?'라고 묻는 표현입니다. 일본은 한국에 비해 국제화가 되어 있는 사회로서 다양한 국적의 사람들이 생활하고 있습니다. 위의 표현은 상대방의 국적을 물어볼 때 사용합니다.

はい。私(わたし)は韓国人(かんこくじん)です。 **맞습니다. 저는 한국인입니다.**

하이 와따시와 간꼬꾸진데스

いいえ、私(わたし)は日本人(にほんじん)です。 **아니요, 저는 일본인입니다.**

이-에 와따시와 니혼진데스

はい。あなたも韓国人(かんこくじん)ですか。 **네, 당신도 한국인입니까?**

하이 아나따모 간꼬꾸진데스까

TIP

보통 국가명과 사람을 함께 사용하면 그 나라의 사람을 나타냅니다. 예를 들어 한국사람의 경우 韓国人(かんこくじん)이나 韓国(かんこく)の方(かた)(한국 분) 또는 韓国(かんこく)の人(ひと)(한국 사람)으로 표시할 수 있습니다. 이때 韓国(かんこく)の方(かた)은 상대방을 높여 부를 때에 사용하며 韓国(かんこく)の人(ひと)는 제3자 또는 자신을 말할 때에 사용합니다.

관련표현

☑ 남편은 일본인입니다.

おっと　　に ほん じん
夫は日本人です。

옷또와 니혼진데스

☑ 한국사람 같네요.

かん こく じん
韓国人ぽいですね。

간꼬꾸진뽀이데스네

☑ 서양인 같네요.

せい よう じん
西洋人みたいですね。

세이요-진미따이데스네

☑ 일본어를 잘하시네요.

に ほん ご　　じょう ず
日本語が上手ですね。

니혼고가 죠-즈데스네

단어

おっと
夫 남편, 신랑

かんこくじん
韓国人 한국사람

～ぽい ~스러운

に ほんじん
日本人 일본사람

せいようじん
西洋人 서양사람

～ぽい는 '～같다'는 표현입니다. 긍정적인 상황에서도 사용하지만 부정적인 인상에 대해서도 표현할 수 있습니다.

대화문

A : 당신은 한국사람인가요?

あなたは韓国人(かんこくじん)ですか。

아나따와 간꼬꾸진데스까

B : 네, 저는 한국사람입니다. 당신은요?

はい、私(わたし)は韓国人(かんこくじん)です。あなたは。

하이 와따시와 간꼬꾸진데스 아나따와

A : 저는 일본사람입니다.

私(わたし)は日本人(にほんじん)です。

와따시와 니혼진데스

B : 한국사람 같네요.

韓国人(かんこくじん)みたいですね。

간꼬꾸진미따이데스네

A : 자주 들어요.

よく言(い)われます。

요꾸 이와레마스

B : 한국어를 잘하시네요.

韓国語(かんこくご)が上手(じょうず)ですね。

간꼬꾸고가 죠–즈데스네

단어

~みたい ~처럼 보인다, ~ 같다

よく 잘, 매우

上手(じょうず) 잘함, 능숙

よく言(い)われます는 직역하면 '(다른 사람들이 그런 식으로) 잘 말해진다'로, 그런 말을 자주 듣는다고 상대방의 의견에 호응하는 표현입니다.

패턴
005

名前(なまえ)は何(なん)ですか。

나마에와 난데스까

'이름은 무엇입니까?'라는 직접적인 질문 표현으로, 상대방에게 이름을 물어볼 때 사용하는 가장 일반적인 표현입니다.

私(わたし)の名前(なまえ)は田中(たなか)です。
와따시노 나마에와 다나까데스

저의 이름은 다나카입니다.

私(わたし)は田中(たなか)です。あなたの名前(なまえ)は何(なん)ですか。
와따시와 다나까데스 아나따노 나마에와 난데스까

저는 다나카입니다. 당신의 이름은 무엇입니까?

田中(たなか)と申(もう)します。
다나까또 모-시마스

다나카라고 합니다.

TIP

일본어에도 존칭의 표현이 있습니다. 위의 ~と申します는 ~です의 존칭 표현입니다. 자신을 낮춤으로써 상대방에게 존칭의 표현을 하는 것으로 이해해 주시기 바랍니다.

관련표현

☑ 성함은 무엇입니까?

お名前(なまえ)は何(なん)とおっしゃいますか。

오나마에와 난또 옷샤이마스까

☑ 이름을 알려 주세요.

お名前(なまえ)教(おし)えてください。

오나마에 오시에떼 구다사이

☑ 성함은 무엇입니까?

苗字(みょうじ)は何(なん)ですか。

묘-지와 난데스까

단어

おっしゃる 말씀하다

名前(なまえ) 이름, 성함

教(おし)える 가르치다

苗字(みょうじ) 성씨, 성함

보통 사람의 이름을 말할 때에는 名前(なまえ)를 자주 사용하지만 격식 있는 표현을 쓸 때는 苗字(みょうじ)라고도 합니다. 이름을 말하는 표현은 자주 사용되므로 잘 알아 두시기 바랍니다.

대화문

A : 당신의 성씨는 무엇인가요?

あなたの名前(なまえ)は何(なん)ですか。

아나따노 나마에와 난데스까

B : 저는 다나카라고 합니다.

私(わたし)は田中(たなか)といいます。

와따시와 다나까또 이−마스

A : 그렇습니까? 이름은 무엇입니까?

そうですか。下(した)の名前(なまえ)は何(なん)ですか。

소−데스까 시따노 나마에와 난데스까

B : 유코입니다.

裕子(ゆうこ)です。

유−코데스

A : 저는 기무라 타로입니다.

私(わたし)は木村太郎(きむらたろう)です。

와따시와 기무라타로−데스

B : 이름이 비슷하네요.

名前(なまえ)が似(に)ていますね。

나마에가 니떼이마스네

단어

下(した)の名前(なまえ) 이름

似(に)ている 닮은, 비슷한

공식적으로 알려진 일본의 성씨는 25,000여 개지만 약간의 발음 차이가 있으므로 실제로는 더욱 많은 성씨가 있습니다. 가장 많은 성씨는 佐藤(さとう), 鈴木(すずき), 高橋(たかはし), 田中(たなか), 渡辺(わたなべ)입니다.

お住(す)まいはどこですか。

오스마이와 도꼬데스까

패턴 006

'댁이 어디인가요?'라는 뜻입니다. 상대방에게 살고 있는 곳을 물을 때에 사용하는 표현으로 격식을 갖춘 정중한 표현입니다. 구체적인 주소를 묻는 것이 아니라 대략적인 거주지역을 질문하는 것으로 이해하시길 바랍니다.

新宿区(しんじゅくく)です。

신쥬쿠구데스

신주쿠구입니다.

東京郊外(とうきょうこうがい)です。

도-쿄고-가이데스

도쿄 교외입니다.

近(ちか)くのマンションです。

치까꾸노 만숀데스

근처 멘션입니다.

TIP

일본에서는 한국에서 주로 사용하고 있는 아파트라는 표현을 マンション이라고 말합니다. 보통 일본인들은 アパート와 マンション을 혼용하여 사용하는 경우가 많으나 マンション이 보다 친숙한 표현입니다.

관련표현

☑ 어디 사세요?

どこに住(す)んでいますか。

도꼬니 순데이마스까

☑ 서울의 어디입니까?

ソウルのどちらですか。

소우르노 도찌라데스까

☑ 아파트에서 살고 있습니다.

アパートに住(す)んでいます。

아파-토니 순데이마스

☑ 신주쿠역 근처입니다.

新宿駅(しんじゅくえき)の近(ちか)くです。

신쥬쿠에끼노 치까꾸데스

단어

どこに 어디에, 어디서

アパート 아파트

近(ちか)く 근처

～のどちらですか는 살고 있는 지역을 구체적으로 질문할 때에 사용하는 표현입니다. 이때 ～에는 지역이나 지명을 사용하고 조사 の를 사용하여 '～의 어디십니까'라고 표현합니다.

대화문

A : 댁은 어디인가요?

お住(す)まいはどこですか。

오스마이와 도꼬데스까

B : 요코하마시입니다. 당신은요?

横浜市(よこはまし)です。あなたは。

요코하마시데스 아나따와

A : 저도 요코하마예요.

私(わたし)も横浜(よこはま)です。

와따시모 요코하마데스

B : 요코하마의 어디입니까?

横浜(よこはま)のどちらですか。

요코하마노 도찌라데스까

A : 쇼난입니다.

湘南(しょうなん)です。

쇼-난데스

B : 바다 근처군요.

海(うみ)の近(ちか)くですね。

우미노 치까꾸데스네

단어

住(す)まい 주소, 사는 곳

横浜(よこはま) 요코하마 (일본 지역이름)

どちら 어느 쪽, 어디

海(うみ) 바다

도쿄 서쪽에 인접한 横浜市(よこはまし)는 神奈川県(かながわけん)의 현청이 있는 도시로, 일본을 대표하는 항만 도시입니다. 도쿄와 가까워 도쿄로 출퇴근하는 인구가 매우 많으며 도쿄 다음으로 인구가 많은 지역입니다.

패턴
007

なん にん か ぞく
何人家族ですか。

난닝 카조꾸데스까

'가족은 몇 명인가요?'라는 뜻입니다. 일본어로 사람의 수를 질문하는 말로는 何人(なんにん)이 가장 기본적인 표현 방법입니다.

3人(にん)です。 **3명입니다.**

산닝데스

5人家族(にんかぞく)です。 **5인 가족입니다.**

고닝 카조꾸데스

両親(りょうしん)と妹(いもうと)の4人家族(にんかぞく)です。 **부모님과 여동생의 4인 가족입니다.**

료-신또 이모-또노 요닝카조꾸데스

TIP

부모님을 나타내는 표현은 両親(りょうしん)을 사용합니다. 상대방의 부모님을 높여서 부를 때에는 존칭의 의미인 ご를 단어의 앞에 붙여 ご両親(りょうしん)이라고 합니다.

관련표현

☑ 저희는 대가족입니다.

うちは大家族(だいかぞく)です。

우찌와 다이카조꾸데스

☑ 저는 3자매입니다.

私(わたし)は3姉妹(しまい)です。

와따시와 산시마이데스

☑ 형제는 있습니까?

兄弟(きょうだい)はいますか。

쿄-다이와 이마스까

☑ 언니가 있어서 좋겠네요.

お姉(ねえ)さんがいていいですね。

오네-상가 이떼 이-데스네

단어

家族(かぞく) 가족

姉妹(しまい) 자매

兄弟(きょうだい) 형제, 형제자매

お姉(ねえ)さん (타인의) 누나, 언니

일본어는 가족 관계를 말할 때 자신의 가족과 타인의 가족을 구분해서 말합니다. 예를 들어 타인의 언니 또는 누나를 말할 때에는 お姉(ねえ)さん이라고 하며 자신의 언니 또는 누나는 姉(あね)라고 말합니다.

대화문

A : 가족이 몇 명인가요?

なん にん か ぞく
何人家族ですか。

난닝 카조꾸데스까

B : 3인 가족입니다.

にん か ぞく
3人家族です。

산닝 카조꾸데스

A : 가족 구성은 어떻게 되어 있습니까?

か ぞく こう せい
家族構成はどうなっていますか。

카조꾸코–세–와 도– 낫떼이마스까

B : 부모님과 저입니다. 당신은요?

りょう しん わたし
両親と私です。あなたは。

료–신또 와따시데스 아나따와

A : 아버지와 어머니와 오빠, 그리고 저입니다.

ちち はは あに わたし
父と母と兄、そして私です。

치치또 하하또 아니 소시떼 와따시데스

B : 오빠가 있어서 좋겠네요.

にい
お兄さんがいていいですね。

오니–상가 이떼 이–데스네

단어

なん にん
何人 몇 사람

こう せい
構成 구성

ちち
父 (나의) 아버지

はは
母 (나의) 어머니

にい
お兄さん (타인의) 오빠, 형

일본어에서는 본인의 가족과 남의 가족을 부르는 말이 구분되어 있는 경우가 있습니다.

패턴 008

家族のことを伺ってもいいですか。

가조꾸노 고또오 우카갓데모 이-데스까

'가족에 대한 것을 여쭤봐도 괜찮습니까?'라는 뜻입니다. 상대방의 가족의 구성원에 대해 질문을 할 때에 사용하는 정중한 표현입니다.

はい、どうぞ。 **네, 그러세요.**

하이 도-조

うちは家族が多いですよ。 **저희는 가족이 많아요.**

우찌와 카조꾸가 오-이데스요

私は家族がいません。 **저는 가족이 없습니다.**

와따시와 카조꾸가 이마센

TIP

가족의 구성원이 많음을 나타낼 때에는 多い라는 표현을 사용합니다. 구성원의 수를 기준으로 표현하므로 수량을 나타내는 말을 사용합니다.

관련표현

☑ 오빠가 두 명 있습니다.

あに　ふたり
兄が2人います。

아니가 후따리이마스

☑ 저는 막내입니다.

わたし　すえ　こ
私は末っ子です。

와따시와 스엣꼬데스

☑ 저는 형제가 없습니다.

わたし　きょうだい
私は兄弟がいません。

와따시와 쿄-다이가 이마센

☑ 조부모님과 함께 살고 있습니다.

そ ふ ぼ　いっしょ　く
祖父母と一緒に暮らしています。

소후보또 잇쇼니 구라시떼이마스

단어

あに
兄 (나의) 오빠, 형

すえ こ
末っ子 막내

そ ふ ぼ
祖父母 조부모

く
暮らす 살다, 생활하다

く
暮らしています는 생활하고 있다는 표현으로 사용됩니다.

す
앞에서 본 住んでいます도 동일한 의미로 사용됩니다.

대화문

A : 가족에 대한 것을 여쭤봐도 괜찮습니까?

家族(かぞく)のことを伺(うかが)ってもいいですか。

카조꾸노 고또오 우카갓떼모 이-데스까

B : 괜찮아요.

いいですよ。

이-데스요

A : 형제는 몇 명입니까?

兄弟(きょうだい)は何人(なんにん)ですか。

쿄-다이와 난닝데스까

B : 4명입니다.

4人(にん)です。

요닌데스

A : 당신은 장녀인가요?

あなたは長女(ちょうじょ)ですか。

아나따와 쵸-죠데스까

B : 네, 아래로 남동생이 3명 있습니다.

はい、下(した)に弟(おとうと)が3人(にん)います。

하이 시따니 오또-또가 산닌이마스

단어

伺(うかが)う 여쭈다, 질문하다

長女(ちょうじょ) 장녀

下(した) 아래, 밑

弟(おとうと) (나의) 남동생

兄弟(きょうだい)는 형제를 말하기도 하지만, 형제자매를 모두 나타낼 때에도 사용합니다.

패턴
009

出身(しゅっしん)はどこですか。

숏신와 도꼬데스까

'출신이 어디입니까?'라고 고향을 묻는 표현입니다. 일본의 생활습관 중에도 한국과 마찬가지로 출신지를 질문하는 경우가 많이 있습니다.

関東(かんとう)です。 관동입니다.
간또―데스

私(わたし)はここが地元(じもと)です。 저는 이곳이 고향입니다.
와따시와 고코가 지모또데스

私(わたし)は九州(きゅうしゅう)の出身(しゅっしん)です。 저는 규슈 출신입니다.
와따시와 큐―슈―노 슛신데스

TIP

일본의 지역은 1개 도(都), 2개 부(府), 44개 현(県)과 홋카이도로 구분하며 크게 北海道(ほっかいどう), 東北(とうほく), 関東(かんとう), 中部(ちゅうぶ), 関西(かんさい), 四国(しこく), 中国(ちゅうごく), 九州(きゅうしゅう), 沖縄(おきなわ)로 9개 지역으로 구분하고 있습니다.

관련표현

☑ 고향은 어디세요?

じっ　か
実家はどちらですか。

짓까와 도찌라데스까

☑ 태어난 곳은 어디인가요?

う
生まれはどこですか。

우마레와 도꼬데스까

☑ 고향은 어디세요?

い な か
田舎はどこですか。

이나까와 도꼬데스까

☑ 간사이 출신입니다.

かん さい しゅっ しん
関西出身です。

간사이슛신데스

단어

どちら 어느 쪽

生まれ(う) 태어남, 출생

田舎(いなか) 시골, 고향

일본어에서 고향을 나타내는 말은 다양합니다. 実家(じっか)(본가), 生まれ(う)(출신), 田舎(いなか)(시골), 故郷(ふるさと)(고향), 地元(じもと)(고향, 지역) 등의 표현이 있으므로 관련 단어를 잘 익혀서 사용해 보시기 바랍니다.

대화문

A : 한국에 온 지 얼마나 되었나요?

韓国(かんこく)に来(き)てどのくらいですか。

간코꾸니 키떼 도노구라이데스까

B : 3년이 됐습니다.

3年(ねん)になります。

산넨니 나리마스

A : 고향이 어디세요?

出身(しゅっしん)はどこですか。

슛신와 도꼬데스까

B : 도쿄입니다. 당신의 고향은 어디입니까?

東京(とうきょう)です。あなたの出身(しゅっしん)はどちらですか。

토−쿄데스 아나따노 슛신와 도찌라데스까

A : 저는 서울 출신입니다.

私(わたし)はソウル出身(しゅっしん)です。

와따시와 소우루슛신데스

B : 다음에 집으로 놀러 가고 싶습니다.

今度(こんど)お家(うち)に遊(あそ)びに行(い)きたいです。

곤도 오우찌니 아소비니 이끼따이데스

단어

今度(こんど) 다음, 금번

家(うち) 집

遊(あそ)びに行(い)く 놀러 가다

일본어의 今度(こんど)는 '다음'이라는 뜻으로 어떤 기회가 있을 경우를 의미하며, 유사한 표현으로 次回(じかい)가 있습니다.

何とお呼びしたらいいですか。

난또 오요비시따라 이-데스까

패턴 010

'뭐라고 불러 드릴까요?'라는 뜻입니다. 일본에는 25,000개가 넘는 성(姓)이 있기 때문에 일본인들은 성(姓)이나 이름 또는 별명으로 부르는 경우가 있습니다. 한국과는 다른 문화적 습관이므로 잘 익혀 두시기 바랍니다.

山田と呼んでください。 **야마다라고 불러 주세요.**

야마다또 욘데 구다사이

好きなように呼んでください。 **마음대로 불러 주세요.**

스끼나요-니 욘데 구다사이

あだ名で呼んでください。 **별명으로 불러 주세요.**

아다나데 욘데 구다사이

TIP

일본에서는 별명이라는 뜻의 あだ名를 많이 사용합니다. 예를 들어 이름이 마쯔다 히로시(松田博)인 경우의 별명은 まちゃん, ひろ 등이 될 수 있습니다. 상대방이 더욱 친근감을 느끼는 호칭을 사용하는 것도 좋습니다.

관련표현

☑ 닉네임으로 불러도 괜찮습니까?

ニックネームで呼(よ)んでもいいですか。

닉꾸네-무데 욘데모 이-데스까

☑ 저를 다나카라고 불러 주세요.

私(わたし)のことを田中(たなか)と呼(よ)んでください。

와따시노 고또오 다나까또 욘데 구다사이

☑ 저는 '하나짱'이라고 불립니다.

私(わたし)は「はなちゃん」と呼(よ)ばれています。

와따시와 하나쨩또 요바레떼 이마스

☑ 성으로 불러 주세요.

苗字(みょうじ)で呼(よ)んでください。

묘-지데 욘데 구다사이

단어

ニックネーム 별명

呼(よ)ぶ 부름, 호칭

呼(よ)ばれる 불리다

일본에서는 친근환 관계에 있는 사람의 이름 뒤에 ~ちゃん을 붙여서 사용하는 경우가 많습니다. 상대방에게 ~さん 또는 ちゃん을 붙이지 않고 부르는 것은 실례입니다.

대화문

A : 이름은 무엇입니까?

な まえ　なん
名前は何ですか。

나마에와 난데스까

B : 저는 야마다 하나코라고 합니다.

わたし　やま だ はな こ
私は山田花子といいます。

와따시와 야마다 하나꼬또 이–마스

A : 뭐라고 불러 드릴까요?

なん　よ
何とお呼びしたらいいですか。

난또 오요비시따라 이–데스까

B : 이름으로 불러 주세요.

した　な まえ　よ
下の名前で呼んでください。

시따노 나마에데 욘데 구다사이

A : 그럼 하나코 씨라고 부르면 되겠습니까?

はな こ　よ
では、花子さんとお呼びしたらいいですか。

데와 하나꼬상또 오요비시따라 이–데스까

B : 네, 그렇게 불러 주세요.

よ
はい、そう呼んでください。

하이 소– 욘데 구다사이

단어

~たらいいですか ~
한다면 좋습니까?

일본인들은 나이와 상관없이 처음 만난 사람 또는 가까운 친구 사이에도 성(姓)이나 이름에 ~さん을 붙여서 사용합니다. 상대방이 편하게 불러달라고 하기 전까지는 보통 ~さん을 붙입니다.

복습하기 [패턴 001-010] 소개

★ 001 안녕하세요?

こんにちは。

곤니찌와

★ 002 소개 좀 해주시겠어요?

自己紹介(じこしょうかい)してくださいますか。

지꼬쇼-까이시떼 구다사이마스까

★ 003 요즘은 어떠세요?

最近(さいきん)どうですか。

사이낀 도-데스까

★ 004 당신은 한국인입니까?

あなたは韓国人(かんこくじん)ですか。

아나따와 간꼬꾸진데스까

★ 005 이름은 무엇입니까?

名前(なまえ)は何(なん)ですか。

나마에와 난데스까

★ 006 댁이 어디인가요?

お住(す)まいはどこですか。

오스마이와 도꼬데스까

★ 007 가족은 몇 명인가요?

何人(なんにん)家族(かぞく)ですか。

난닝 카조꾸데스까

★ 008 가족에 대한 것을 여쭤봐도 괜찮습니까?

家族(かぞく)のことを伺(うかが)ってもいいですか。

가조꾸노 고또오 우카갓데모 이-데스까

★ 009 출신이 어디입니까?

出身(しゅっしん)はどこですか。

슛신와 도꼬데스까

★ 010 뭐라고 불러 드릴까요?

何(なん)とお呼(よ)びしたらいいですか。

난또 오요비시따라 이-데스까

Part 02

시간/번호

패턴
011

今(いま)、何時(なんじ)ですか。

이마 난지데스까

'지금 몇 시인가요?'라는 뜻입니다. 일상생활에서 상대방에게 시간을 물어볼 경우가 많이 있습니다. 일본어로 시간을 물어볼 때 쓸 수 있는 표현을 익혀 봅시다.

7時(じ)です。 **7시입니다.**

시찌지데스

4時半頃(じはんごろ)です。 **4시 반쯤입니다.**

요지 항고로데스

9時10分前(じぷんまえ)です。 **9시 10분 전입니다.**

구지 쥿뿐마에데스

TIP

일본어에서 시간을 나타내는 명사와 ~頃(ごろ)를 함께 쓰는 경우 정확한 시간을 말하는 것이 아니라 대략적인 시간을 나타내는 '~쯤, ~무렵'이라는 뜻입니다.

관련표현

☑ 지금 몇 시 몇 분이야?

いま　なんじ　なんぷん
今、何時何分ですか。

이마 난지 난뿐데스까

☑ 10시 조금 넘었습니다

じ　すこ　す
10時を少し過ぎました。

쥬-지오 스꼬시 스기마시다

☑ 딱 오후 1시입니다.

ごご　じ
ちょうど午後1時です。

쵸-도 고고 이찌지데스

☑ 4시 정도입니다.

じ
4時くらいです。

요지구라이데스

단어

何時(なんじ) 몇 시

何分(なんぷん) 몇 분

少し(すこし) 조금, 약간

過ぎた(すぎた) 지나다, 흐르다

ちょうど 정확히, 꼭

~くらい ~정도

시간을 표현할 때 '(시간)過(す)ぎました'는 '(시간이) 지났습니다'라는 뜻이며 '(시간)くらい'는 '(시간)정도'라는 뜻입니다.

대화문

A : 지금 몇 시죠?

今(いま)、何時(なんじ)ですか。

이마 난지데스까

B : 지금 1시 반입니다.

今(いま)1時(じ)半(はん)です。

이마 이찌지 항데스

A : 2시에는 돌아가야 되는데..

2時(じ)には帰(かえ)らないと…。

니지니와 가에라나이또

B : 무슨 일이 있어요?

何(なに)かありますか。

나니까 아리마스까

A : 선생님을 만나는 약속이 있어요.

先生(せんせい)に会(あ)う約束(やくそく)があります。

센세-니 아우 야꾸소꾸가 아리마스

B : 늦지 않도록 해야겠네요.

遅(おく)れないようにしないといけませんね。

오꾸레나이요-니시나이또 이께마센네

단어

今(いま) 지금

帰(かえ)る 돌아가다

先生(せんせい) 선생

会(あ)う 만나다

約束(やくそく) 약속

遅(おく)れる 늦다

～ようにする ～하도록 하다

～ないと는 어떤 동작을 하지 않으면 안 되는 것을 표현할 때에 사용되는 말로 ～ないと(いけない)의 줄임 표현입니다.

패턴 012

今日(きょう)は何曜日(なんようび)ですか。

코-와 난요-비데스까

'오늘은 무슨 요일인가요?'라는 뜻입니다. 일상생활에서 상대방에게 요일을 물어볼 경우가 있습니다. 일본어로 요일을 물어볼 때 쓸 수 있는 다양한 표현을 익혀서 사용해 보시기 바랍니다.

今日(きょう)は日曜日(にちようび)です。 — **오늘은 일요일입니다.**

코-와 니찌요-비데스

今日(きょう)は水曜日(すいようび)です。 — **오늘은 수요일입니다.**

코-와 수이요-비데스

今日(きょう)は月曜日(げつようび)です。 — **오늘은 월요일입니다.**

코-와 게쯔요-비데스

TIP

일본어의 요일은 다음과 같습니다. 월요일: 月曜日(げつようび), 화요일: 火曜日(かようび), 수요일: 水曜日(すいようび), 목요일: 木曜日(もくようび), 금요일: 金曜日(きんようび), 토요일: 土曜日(どようび), 일요일: 日曜日(にちようび)

관련표현

☑ 어제는 토요일이었습니다.

昨日(きのう)は土曜日(どようび)でした。

기노-와 도요-비데시다

☑ 내일은 일요일입니다.

明日(あした)は日曜日(にちようび)です。

아시따와 니찌요-비데스

☑ 목요일이에요.

木曜日(もくようび)ですよ。

모꾸요-비데스요

☑ 빨리 일요일이 되었으면 좋겠네요.

早(はや)く日曜日(にちようび)になるといいですね。

하야꾸 니찌요-비니 나루또 이-데스네

단어

昨日(きのう) 어제

明日(あした) 내일

早(はや)く 빨리, 이른

일본어도 오늘을 기준한 가까운 날을 표현하는 방법이 있습니다. 一昨日(おととい)-그저께, 昨日(きのう)-어제, 今日(きょう)-오늘, 明日(あした)-내일, 明後日(あさって)-모레 등 자주 쓰이는 단어를 잘 알아 두시기 바랍니다.

대화문

A : 오늘은 무슨 요일입니까?

きょう なんようび
今日は何曜日ですか。

쿄-와 난요-비데스까

B : 오늘은 화요일입니다. 무슨 일 있나요?

きょう かようび
今日は火曜日です。どうかしました。

쿄-와 카요-비데스 도-카시마시다

A : 실은 월요일에 택배가 올 예정이었습니다.

じつ げつようび たくはい く よてい
実は月曜日に宅配が来る予定でした。

지쯔와 게쯔요-비니 타꾸하이가 쿠루요떼-데시다

B : 아직 도착하지 않았나요?

とど
まだ届いていないんですか。

마다 토도이떼이나인데스까

A : 맞아요.(그렇다니까요.) 물어보겠습니다.

と あ
そうなんです。問い合わせてみます。

소-난데스 도이아와세떼미마스

B : 빨리 오면 좋겠네요.

はや く
早く来るといいですね。

하야꾸 쿠루또 이-데스네

단어

宅配(たくはい) 택배

来る(く) 오다

予定(よてい) 예정

届く(とど) 도착하다, 닿다

問い合わる(と・あ) 문의하다

상대방에게 사실이나 사정을 설명할 때에 자주 쓰는 표현으로 実(じつ)は가 있습니다. 이는 '사실은'이라는 뜻으로, 本当(ほんとう)は도 동일한 의미로 사용됩니다.

패턴 013

いつ会いますか。

이쯔 아이마스까

'언제 만날까요?'라는 뜻입니다. 상대방과 약속을 할 때 사용하는 표현으로 구체적인 시기를 질문하는 말입니다.

金曜日に会いましょうか。
긴요-비니 아이마쇼-까
금요일에 만날까요?

来週あたりはどうですか。
라이슈-아따리와 도-데스까
다음 주쯤은 어떤가요?

私は週末以外だったら大丈夫です。
와따시와 슈-마쯔이가이닷따라 다이죠-부데스
저는 주말 이외면 괜찮습니다.

TIP

いつ는 '언제'를 나타내는 말로 사용됩니다. 또한, '언제'라는 표현을 한자로 쓰면 何時로 쓰고 いつ로 발음하면 '언제'라는 뜻이, なんじ로 발음하면 '몇 시'리는 뜻이 됩니다.

관련표현

☑ 다음에 언제 만날 수 있어?

こんど　　　あ
今度いつ会える。

곤도 이쯔 아에루

☑ 주말은 어렵습니다.

しゅうまつ　むずか
週末は難しいです。

슈-마쯔와 무즈까시-데스

☑ 일요일 오전 중은 시간이 있습니다.

にちようび　ごぜんちゅう　じかん
日曜日の午前中は時間があります。

니찌요-비노 고젠츄-와 지깐가 아리마스

☑ 언제든 괜찮아요.

だいじょうぶ
いつでも大丈夫です。

이쯔데모 다이죠-부데스

단어

いつ 언제

しゅうまつ
週末 주말

むずか
難しい 힘들다, 어렵다

ごぜんちゅう
午前中 오전 중

いつでも 언제든지

いつでも는 '언제든지'라는 뜻으로 시간 또는 상황의 표현과 함께 사용하면 특별한 사정이나 조건에 관계없이 가능하다는 뜻으로 사용됩니다.

대화문

A : 다나카 씨, 언제 만나요?

田中(たなか)さん、いつ会(あ)いますか。

다나까상 이쯔 아이마스까

B : 금요일 오후에 보는 거 어때요?

金曜日(きんようび)の午後(ごご)はどうですか。

깅요-비노 고고와 도-데스까

A : 좋아요. 몇 시에 볼까요?

いいですよ。何時(なんじ)にしますか。

이-데스요 난지니 시마스까

B : 3시 정도 어때요?

3時(じ)ぐらいはどうですか。

산지구라이와 도-데스까

A : 괜찮아요.

大丈夫(だいじょうぶ)です。

다이죠-부데스

B : 차를 마시면서 이야기해요.

お茶(ちゃ)しながら話(はなし)をしましょう。

오챠시나가라 하나시오 시마쇼-

단어

午後(ごご) 오후

お茶(ちゃ) 차, 녹차

話(はなし)をする 이야기하다, 이야기를 나누다

お茶(おちゃ)는 음료의 차를 말하는 茶에 お를 붙여서 관용적으로 '차' 또는 '녹차'를 말합니다.

패턴 014

今日(きょう)は何月(なんがつ)何日(なんにち)ですか。

코-와 난가쯔 난니찌데스까

'오늘은 몇 월 며칠입니까?'라는 뜻입니다. 일상생활에서 상대방에게 날짜를 물어볼 경우가 많이 있습니다. 일본어로 날짜를 물어볼 때 쓸 수 있는 다양한 표현을 익혀서 사용해 보시기 바랍니다.

今日(きょう)は4月(がつ)15日(にち)です。
코-와 시가츠 니쥬-이치니치데스

오늘은 4월 15일입니다.

今日(きょう)は9月(がつ)27日(にち)で、1週間(しゅうかん)すると秋夕(チュソク)です。
코-와 구가쯔 니쥬-시찌니찌데 잇슈깐수루또 츄소쿠데스

오늘은 9월 27일이고, 일주일 있으면 추석입니다.

今日(きょう)は3月(がつ)3日(みっか)ひな祭(まつ)りです。
코-와 산가쯔 밋까 히나마쯔리데스

오늘은 3월 3일 히나마쯔리입니다.

TIP

일본에서 3월 3일은 일본 전통행사의 하나인 ひな祭(まつ)り의 날입니다. 전통적으로 여자 어린이들의 무병장수와 행복을 기원하는 행사로 제단에 일본 전통의상을 입힌 작은 인형들을 전시하고 떡, 감주, 복숭아 꽃 등으로 장식합니다.

관련표현

☑ 오늘은 13일의 금요일입니다.

今日は13日の金曜日です。

쿄-와 쥬-상니찌노 킨요-비데스

☑ 내일은 1월 1일입니다.

明日は1月1日です。

아시따와 이찌가쯔 쯔이타찌데스

☑ 일주일 있으면 여름방학입니다.

1週間すると夏休みです。

잇슈-깐수루또 나쯔야수미데스

☑ 한국의 추석은 음력으로 행합니다.

韓国の秋夕は陰暦で行います。

간꼬꾸노 추석와 인레끼데 오꼬나이마스

단어

夏休み 여름 휴가, 여름방학

秋夕 추석(한국의 명절)

陰暦 음력

行う 실시하다, 시행하다

한국의 명절인 추석은 秋夕로 표기합니다. ひらがな가 아닌 カタカナ로 표기하는 것은 일본어는 외래어를 カタカナ로 표기하기 때문입니다. 일본의 추석은 お盆이라고 합니다.

대화문

A : 오늘은 몇 월 며칠인가요?

今日(きょう)は何月(なんがつ)何日(なんにち)ですか。

쿄-와 난가쯔 난니찌데스까

B : 오늘은 9월 20일입니다.

今日(きょう)は9月(がつ)20日(はつか)です。

쿄-와 구가쯔 하쯔까데스

A : 추석까지 앞으로 2주네요.

秋夕(チュソク)まであと2週間(しゅうかん)ですね。

추소쿠마데 아또 니슈-깡데스네

B : 일본에 추석이 있습니까?

日本(にほん)に秋夕(チュソク)はありますか。

니혼니 추소쿠와 아리마스까

A : 일본은 오봉이라고 해서 매년 8월 15일입니다.

日本(にほん)はお盆(ぼん)といって毎年(まいとし)8月(がつ)15日(にち)になります。

니혼와 오봉또 잇떼 마이토시 하찌가쯔 쥬-고니찌니 나리마스

B : 일본은 양력으로 하는군요.

日本(にほん)は陽暦(ようれき)でするんですね。

니혼와 요-레끼데 수룬데스네

단어

お盆(ぼん) 추석(일본의 명절)

毎年(まいねん) 매년

陽暦(ようれき) 양력

시간이나 때를 나타내는 명사와 毎(まい)를 함께 사용하면 그 '때/시기마다'라는 뜻입니다. 매일: 毎日(まいにち), 매일 밤: 毎晩(まいばん), 매월: 毎月(まいげつ), 매년: 毎年(まいねん).

패턴
015

誕生日(たんじょうび)はいつですか。

탄죠–비와 이쯔데스까

'생일은 언제입니까?'라는 뜻입니다. 일상생활에서 상대방에게 생일을 물어볼 때 사용하는 표현입니다. 특히 일본어로 날짜들을 말하는 방법을 잘 익혀서 사용해 보시기 바랍니다.

私(わたし)の誕生日(たんじょうび)は6月(がつ)20日(はつか)です。 **저의 생일은 6월 20일입니다.**

와따시노 탄죠–비와 로꾸가쯔 하쯔까데스

私(わたし)の誕生日(たんじょうび)は10月(がつ)10日(とおか)です。 **저의 생일은 10월 10일입니다.**

와따시노 탄죠–비와 쥬–가쯔 토–까데스

7月(がつ)6日(むいか)です。 **7월 6일입니다.**

시찌가쯔 무이까데스

일본어는 한자를 사용하여 표현하므로 일본어 표현 중에서 자주 사용되는 한자를 익혀야 합니다. 같은 한자 月를 사용하더라도 '달'을 의미할 때에는 つき라고 말하며, 위의 예문과 같이 '~월'을 의미할 때에는 がつ라고 말하는 차이를 알아 두시기 바랍니다.

관련표현

☑ 몇 월생인가요?

何月(なんがつ)生(う)まれですか。

난가쯔 우마레데스까

☑ 내일은 제 생일입니다.

明日(あした)は私(わたし)の誕生日(たんじょうび)です。

아시따와 와따시노 탄죠-비데스

☑ 생년월일을 알려 주세요.

生年月日(せいねんがっぴ)を教(おし)えてください。

세-넨갑삐오 오시에떼 구다사이

☑ 저번 주 어머니의 생신이었습니다.

先週(せんしゅう)、母(はは)の誕生日(たんじょうび)でした。

센슈- 하하노 탄죠-비데시다

단어

誕生日(たんじょうび) 생일, 탄신일

生年月日(せいねんがっぴ) 생년월일

母(はは) (나의) 어머니

일본어로 '생일'을 말할 때에는 誕生日(たんじょうび)라고 말을 합니다만, 문서 등에 기록을 할 때에 사용되는 '생년월일'은 生(せい)年月日(ねんがっぴ)라고 한다는 것을 알아 두시기 바랍니다.

대화문

A : 생일은 언제입니까?

誕生日(たんじょうび)はいつですか。

탄죠–비와 이쯔데스까

B : 5월 5일입니다.

5月(がつ)5日(いつか)です。

고가쯔 이쯔카데스

A : 어린이날이니 외우기 쉽네요.

こどもの日(ひ)で覚(おぼ)えやすいですね。

고도모노 히데 오보에야스이데스네

B : 당신의 생일은 언제입니까?

あなたの誕生日(たんじょうび)はいつですか。

아나따노 탄죠–비와 이쯔데스까

A : 저는 2월 14일이고 밸런타인데이 날입니다.

私(わたし)は2月(がつ)14日(じゅうよっか)でバレンタインデーの日(ひ)です。

와따시와 니가쯔 쥬–욧까데 바렌타인데–노 히데스

B : 선물로 초콜릿을 많이 받겠네요.

プレゼントにチョコレートをたくさん貰(もら)いますね。

프레젠또니 쵸고레–또오 타꾸상 모라이마스네

단어

こどもの日(ひ) 어린이날

バレンタインデー 밸런타인데이

プレゼント 선물

チョコレート 초콜릿

貰(もら)う 받다, 얻다

일본에서는 어린이날을 기점으로 집 내외부에 잉어 모양의 장식(こいのぼり)을 해 둡니다. 잉어가 물속을 헤엄치는 것처럼 바람에 날립니다. 남자아이들은 무사 인형을 선물 받거나 전통 무사 복장을 하고 기념 사진을 찍기도 합니다.

試合(しあい)はいつ始(はじ)まりますか。

시아이와 이쯔 하지마리마스까

패턴 016

'시합은 언제 시작하나요?'라는 뜻입니다. 일상생활에서 상대방에게 스포츠 경기 등의 시작 시간을 물어볼 경우가 많이 있습니다. 어떤 동작이나 상황의 시작 시점을 물어볼 때 쓸 수 있는 다양한 표현을 익혀 봅시다.

午後(ごご)4時(じ)に始(はじ)まります。 **오후 4시에 시작해요.**

고고 요지니 하지마리마스

はっきりわかりません。 **확실하게는 모르겠습니다.**

핫끼리 와까리마셴

2時(じ)からだと聞(き)いています。 **2시부터라고 들었습니다.**

니지까라다또 끼–떼이마스

TIP

위의 본문에서 사용된 はっきり는 '확실히' 또는 '분명히'라는 뜻입니다. 어떤 상황이나 사실을 더욱 명확하게 표현할 때 사용되며 긍정 또는 부정의 내용이 함께 사용될 수 있습니다.

관련표현

☑ 경기는 몇 시에 시작하죠?

試合(しあい)は何時(なんじ)に始(はじ)まりますか。

시아이와 난지니 하지마리마스까

☑ 경기는 언제 끝나요?

試合(しあい)はいつ終(お)わりますか。

시아이와 이쯔 오와리마스까

☑ 경기는 곧 시작해요.

試合(しあい)はもうすぐ始(はじ)まります。

시아이와 모- 스구 하지마리마스

☑ 경기는 이미 끝났어요.

試合(しあい)はもう終(お)わりました。

시아이와 모- 오와리마시다

단어

試合(しあい) 시합, 경기

始(はじ)まる 시작하다

終(お)わる 끝나다

もうすぐ 곧, 금방

もう 이미, 벌써

어떤 것이 시작하는 시간을 질문할 때에는 何時(なんじ)に始(はじ)まりますか라고 하며, 구체적으로 언제부터 시작하는 지 물을 때에는 何時(なんじ)から始(はじ)まりますか라고 할 수 있습니다.

대화문

A : 어떤 스포츠를 좋아하세요?

どんなスポーツが好(す)きですか。

돈나 스뽀—쯔가 스끼데스까

B : 저는 축구를 좋아해서 자주 시합을 보러 갑니다.

私(わたし)はサッカーが好(す)きで、よく試合(しあい)を見(み)に行(い)きます。

와따시와 삿까—가 스끼데 요꾸 시아이오 미니 이끼마스

A : 저도 축구를 좋아해요.

私(わたし)もサッカーが好(す)きです。

와따시모 삿까—가 스끼데스

B : 같이 시합 보러 가지 않을래요?

一緒(いっしょ)に試合(しあい)を見(み)に行(い)きませんか。

잇쇼니 시아이오 미니 이끼마센까

A : 오늘 시합은 언제 시작합니까?

今日(きょう)の試合(しあい)はいつ始(はじ)まりますか。

쿄—노 시아이와 이쯔 하지마리마스까

B : 오후 6시부터입니다.

午後(ごご)6時(じ)からです。

고고 로꾸지까라데스

단어

スポーツ 스포츠

好(す)き 좋아함

見(み)に行(い)く 보러 가다, 관람하러 가다

サッカー 축구

~が好きです는 '~을 좋아하다'라는 뜻입니다. 한국어와는 다르게 좋아하는 것에 대한 조사는 を가 아니라 が를 사용합니다.

패턴 017

いつ卒業(そつぎょう)しましたか。

이쯔 소쯔교-시마시다까

'언제 졸업했나요?'라는 뜻입니다. 일본에서는 상대방의 나이를 추측하는 질문의 하나로 학교졸업 시기를 물어 보는 경우가 많습니다. 관련 표현을 익혀 상황에 맞게 사용해 보시기 바랍니다.

私(わたし)は去年(きょねん)卒業(そつぎょう)しました。 **저는 작년에 졸업했어요.**

와따시와 쿄넨 소쯔교-시마시다

今年(ことし)卒業(そつぎょう)したばかりです。 **올해 막 졸업했어요.**

고토시 소쯔교-시다바까리데스

今年(ことし)卒業(そつぎょう)できませんでした。 **올해 졸업하지 못했습니다.**

고토시 소쯔교-데끼마센데시다

TIP

~ばかり는 동사의 기본형과 함께 사용할 경우에는 그 동작만 한다는 뜻으로 사용되고, 동사의 과거형과 함께 사용할 경우에는 그 동작을 금방 완료한 상태를 의미합니다.

관련표현

☑ 졸업은 언제인가요?

そつ ぎょう
卒業はいつですか。

소쯔교-와 이쯔데스까

☑ 저는 내년에 졸업합니다.

わたし　らい ねん そつ ぎょう
私は来年卒業します。

와따시와 라이넨 소쯔교-시마스

☑ 졸업하고 얼마나 되었습니까?

そつ ぎょう
卒業してどのくらいになりますか。

소쯔교-시떼 도노구라이니 나리마스까

☑ 다음 달 졸업입니다.

らい げつ そつ ぎょう
来月卒業です。

라이게쯔 소쯔교-데스

일본어도 올해를 기준한 가까운 해를 표현하는 방법이 있습니다. おととし(재작년), 去年(きょねん)(작년), 今年(ことし)(올해), 来年(らいねん)(내년), 再来年(さらいねん)(내후년) 등 자주 쓰이는 단어는 잘 알아두시기 바랍니다.

단어

そつぎょう
卒業 졸업

らいげつ
来月 다음 달

대화문

A : 다나카 씨는 어느 대학교를 졸업했습니까?

田中(たなか)さんはどこの大学(だいがく)を卒業(そつぎょう)しましたか。

다나까상와 도꼬노 다이가꾸오 소쯔교-시마시다까

B : 서울대입니다.

ソウル大(だい)です。

소우루다이데스

A : 언제 졸업했습니까?

いつ卒業(そつぎょう)しましたか。

이쯔 소쯔교-시마시다까

B : 2년 전입니다.

2年前(ねんまえ)です。

니넨마에데스

A : 저도 2년 전에 대학을 졸업했습니다.

私(わたし)も2年前(ねんまえ)に大学(だいがく)を卒業(そつぎょう)しました。

와따시모 니넨마에니 다이가꾸오 소쯔교-시마시다

B : 그렇다면 동기네요.

それでは同期(どうき)ですね。

소레데와 도-끼데스네

단어

大学(だいがく) 대학

~年前(ねんまえ) ~년 전

同期(どうき) 동기

일본에서는 상대방의 나이를 알고자 할 때 출생연도를 묻기도 하지만 보통 졸업연도를 물어봅니다. 같은 시기에 졸업한 경우에 同期(どうき)라는 표현을 쓰며 동년배 또는 동갑이라는 뜻입니다.

패턴 018

携帯番号(けいたいばんごう)は何番(なんばん)ですか。

케–따이방고와 난방데스까

'휴대폰 번호가 몇 번입니까?'라는 뜻입니다. 상대방에게 휴대전화번호를 질문할 때에 사용하는 표현입니다.

番号(ばんごう)は010 345 6789です。 — 번호는 010 345 6789입니다.

방고–와 제로이찌제로노 산욘고노 로꾸나나하찌큐–데스

私(わたし)は携帯(けいたい)を持(も)っていません。 — 저는 핸드폰이 없습니다.

와따시와 케–따이오 못떼 이마센

すみません。お教(おし)えできません。 — 죄송합니다. 알려 줄 수 없습니다.

스미마센 오오시에데끼마센

TIP

携帯(けいたい)는 '휴대'라는 뜻이지만 일반적으로 요즘은 '휴대전화'를 말할 때에 사용합니다. 통상적인 '휴대전화'는 携帯電話(けいたいでんわ)라고 말하는 것을 알아 두시기 바랍니다.

관련표현

☑ 핸드폰 번호가 뭐예요?

携帯(けいたい)の番号(ばんごう)は何番(なんばん)ですか。

케-따이노 방고-와 난방데스까

☑ 제 핸드폰 번호 알려 드릴게요.

私(わたし)の携帯番号(けいたいばんごう)を教(おし)えます。

와따시노 케-따이방고-오 오시에마스

☑ 전화번호 물어봐도 되겠습니까?

携帯番号(けいたいばんごう)聞(き)いてもいいですか。

케-따이방고 끼-떼모 이-데스까

☑ 다음에 핸드폰으로 연락하겠습니다.

今度(こんど)携帯(けいたい)に連絡(れんらく)します。

곤도 케-따이니 렌라꾸시마스

단어

携帯(けいたい) 휴대, 휴대전화

番号(ばんごう) 번호

聞(き)く 묻다, 질문하다

連絡(れんらく)する 연락하다

어떤 상대나 대상에게 연락할 때에 사용하는 표현은 ~に連絡(れんらく)する입니다. 위의 표현과 같이 상대방의 휴대폰에 전화를 걸 때에도 조사 に를 사용합니다.

대화문

A : 스즈키 씨. 핸드폰은 어떻게 하셨습니까?

鈴木(すずき)さん。携帯(けいたい)はどうしましたか。

스즈끼상 케–따이와 도–시마시다까

B : 아 회사에 잊어버리고 왔어요.

あ、会社(かいしゃ)に忘(わす)れて来(き)ました。

아 가이샤니 와스레떼 끼마시다

A : 전화를 안 받아서 걱정했었습니다.

電話(でんわ)をとらないから心配(しんぱい)していました。

뎅와오 토라나이까라 신빠이시떼 이마시다

B : 핸드폰을 바꿔서 연락이 안 됐어요.

携帯(けいたい)変(か)えて、連絡(れんらく)できなかったんです。

케–따이카에떼 렌라꾸데끼나깟딴데스

A : 새로운 핸드폰 번호가 몇 번인가요?

新(あたら)しい携帯番号(けいたいばんごう)は何番(なんばん)ですか。

아따라시이 케–따이방고–와 난방데스까

B : 010 345 6789입니다.

010 345 6789です。

제로이찌제로노 산욘고노 로꾸나나하찌큐–데스

단어

電話(でんわ)をとる 전화를 받다

心配(しんぱい)する 걱정하다

変(か)える 바꾸다

~できない ~할 수 없다

新(あたら)しい 새로운

핸드폰은 携帯電話(けいたいでんわ)지만 보통은 携帯(けいたい)이라고 하며, 최근 널리 사용되는 스마트폰은 スマートフォン 또는 スマートホン이라고 쓰지만 보통 スマホ라고 말합니다.

패턴 019

何番(なんばん)のバスを利用(りよう)しますか。

난방노 바스오 리요-시마스까

'몇 번 버스를 이용하나요?'라는 뜻입니다. 상대방에게 이용하는 교통 수단이나 방법을 질문하는 방법입니다.

1227番(ばん)か105番(ばん)です。 **1227번이나 105번이요.**

센니햐꾸니쥬-나나방까 햐꾸고방데스

だいたい146番(ばん)を利用(りよう)します。 **대체로 146번을 이용합니다.**

다이따이 햐꾸욘쥬-로꾸방오 리요-시마스

バスにはほとんど乗(の)りません。 **버스는 거의 타지 않습니다.**

바스니와 호톤도 노리마센

TIP

AかB는 'A이든지 B'라는 의미로, A와 B가 선택 가능한 상황을 표현하는 방법입니다. 회화에서 자주 사용되는 표현이므로 관련 표현을 잘 익혀서 사용하시기 바랍니다.

관련표현

☑ 몇 번 버스로 출근을 합니까?

何番(なんばん)のバスで出勤(しゅっきん)しますか。

난방노 바스데 슛낀시마스까

☑ 퇴근할 때 몇 번 버스를 이용합니까?

退勤(たいきん)するとき何番(なんばん)のバスを利用(りよう)しますか。

타이낀스루도끼 난방노 바스오 리요-시마스까

☑ 지하철에서 버스로 갈아탑니다.

地下鉄(ちかてつ)からバスに乗(の)り換(か)えます。

치까테쯔카라 바스니 노리카에마스

☑ 몇 번 버스여도 괜찮아요.

何番(なんばん)のバスでも大丈夫(だいじょうぶ)です。

난방노 바스데모 다이죠-부데스

단어

バス 버스

出勤(しゅっきん)する 출근하다

利用(りよう)する 이용하다

乗(の)り換(か)える 환승하다

일동작이 연속되어 하나의 의미를 나타내는 경우에는 동사를 변형하여 사용합니다. 위와 같이 '환승하다'라는 뜻인 乗(の)り換(か)える는 '타다'라는 乗(の)る와 '바꾸다'라는 換(か)える를 함께 사용한 표현입니다.

대화문

A : 스즈키 씨는 몇 번 버스를 이용합니까?

鈴木(すずき)さんは何番(なんばん)のバスを利用(りよう)しますか。

스즈끼상와 난방노 바스오 리요-시마스까

B : 저는 120번 버스와 105번 버스를 자주 이용합니다.

私(わたし)は120番(ばん)と105番(ばん)をよく利用(りよう)します。

와따시와 햐꾸니쥬-방또 햐꾸고방오 요꾸 리요-시마스

A : 저는 146번을 타는 일이 많습니다.

私(わたし)は146番(ばん)に乗(の)ることが多(おお)いです。

와따시와 햐꾸욘쥬-로꾸방니 노루 고또가 오-이데스

B : 저는 지하철보다도 버스가 편해요.

私(わたし)は地下鉄(ちかてつ)よりもバスが便利(べんり)です。

와따시와 치까테쯔요리모 바스가 벤리데스

A : 최근 버스 노선이 늘었네요.

最近(さいきん)バスの路線(ろせん)が増(ふ)えましたね。

사이낀 바스노 로센가 후에마시다네

B : 네. 갈아타는 것도 편해졌어요.

はい。乗(の)り換(か)えも楽(らく)になりました。

하이 노리까에모 라꾸니 나리마시다

단어

地下鉄(ちかてつ) 지하철

便利(べんり) 편리

路線(ろせん) 노선

増(ふ)える 증가하다, 늘어나다

楽(らく)になる 편해지다

대부분 근거리를 운행하는 기차 개념인 '전차(電車(でんしゃ))'는 JR이라고도 말하며 지하철은 地下鉄(ちかてつ)로 표현합니다. 일본의 전차와 지하철의 개념을 잘 구분해서 사용하시기 바랍니다.

패턴 020

何(なん)番(ばん)目(め)ですか。

난방메데스까

'몇 번째입니까?'라는 뜻입니다. 상대방에게 어떤 순서 또는 차례에 대해 질문을 할 때 사용하는 표현입니다.

新宿駅(しんじゅくえき)から5番目(ばんめ)です。

신쥬쿠에끼까라 고방메데스

신주쿠역에서 5번째입니다.

会社(かいしゃ)の前(まえ)からバスで3つ目(め)の停留所(ていりゅうじょ)です。

가이샤노 마에까라 바스데 밋쯔메노 테-류-죠데스

회사 앞에서 버스로 3번째 버스정류장입니다.

私(わたし)は兄弟(きょうだい)で4番目(ばんめ)です。

와따시와 쿄-다이데 욘방메데스

저는 형제에서 4번째입니다.

TIP

일본어에서 순서 또는 순번을 나타내는 말은 숫자와 番目(ばんめ)를 사용합니다. 위의 예문에서 보듯이 어느 기점을 기준으로 몇 번째를 말할 경우에는 순서가 아닌 개수를 말하는 3つ目(め)와 같이 사용합니다.

관련표현

☑ 제 줄은 앞에서 7번째입니다.

私の列は前から7番目です。

와따시노 레쯔와 마에까라 나나방메데스

☑ 제 자리는 뒤에서 2번째입니다.

私の席は後ろから2番目です。

와따시노 세끼와 우시로까라 니방메데스

☑ 역 앞에서 버스를 타고 4번째 정류장에서 내려 주세요.

駅前からバスに乗って4番目の停留所で降りてください。

에끼마에까라 바스니 놋떼 욘방메노 데-류-죠데 오리떼 구다사이

☑ 저는 5자매에서 3번째입니다.

私は5人姉妹の3番目です。

와따시와 고닝시마이노 산방메데스

단어

列 열, 줄

～番目 ～번째

席 자리

後ろ 뒤

停留所 정류소

降りる 내리다, 하차하다

'～에서 2번째'라는 뜻인 ～から2番目는 범위 또는 순서의 정렬 방법 등과 함께 사용합니다. 이때 사용되는 조사는 ～から가 사용됨을 알아 두시기 바랍니다.

대화문

A : 내일 출장으로 신주쿠에 갑니다.

あした しゅっちょう しんじゅく い
明日出張で新宿に行きます。

아시따 슛쵸–데 신쥬쿠니 이끼마스

B : 지하철로 가십니까?

ち か てつ
地下鉄ですか。

치까테쯔데스까

A : 네. 신주쿠역은 여기서 몇 번째입니까?

しんじゅく えき なん ばん め
はい。新宿駅はここから何番目ですか。

하이 신쥬쿠에끼와 고코까라 난방메데스까

B : 6번째입니다.

ばん め
6番目です。

로꾸방메데스

A : 헤매지 않고 갈 수 있을까?

まよ い
迷わずに行けるかな。

마요와즈니 이께루까나

B : 앞에서 두 번째 차량에 타면 출구가 가까워요.

まえ ばん め しゃ りょう の で ぐち ちか
前から2番目の車両に乗ると出口が近いですよ。

마에까라 니방메노 샤료–니 노루또 데구찌가 치까이데스요

단어

しゅっちょう
出張 출장

まよ
迷う 헤매다, 망설이다

しゃ りょう
車両 차량

で ぐち
出口 출구

한국에서는 지하철 등의 출입구에 번호를 붙여 사용하지만 일본에서는 방향과 출입구 번호를 표시하는 경우가 많습니다. 특히 '서쪽 출구: 西口(にしぐち)'나 '서쪽 출구 34: 西口(にしぐち)–34' 등으로 표시합니다.

복습하기 [패턴 011-020] 시간/번호

★ 011 지금 몇 시인가요?

今(いま)、何時(なんじ)ですか。

이마 난지데스까

★ 012 오늘은 무슨 요일인가요?

今日(きょう)は何曜日(なんようび)ですか。

쿄–와 난요–비데스까

★ 013 언제 만날까요?

いつ会(あ)いますか。

이쯔 아이마스까

★ 014 오늘은 몇 월 며칠입니까?

今日(きょう)は何月(なんがつ)何日(なんにち)ですか。

쿄–와 난가쯔 난니찌데스까

★ 015 생일은 언제입니까?

誕生日(たんじょうび)はいつですか。

탄죠–비와 이쯔데스까

★ 016 시합은 언제 시작하나요?

試合(しあい)はいつ始(はじ)まりますか。

시아이와 이쯔 하지마리마스까

★ 017 언제 졸업했나요?

いつ卒業(そつぎょう)しましたか。

이쯔 소쯔교–시마시다까

★ 018 휴대폰 번호가 몇 번입니까?

携帯番号(けいたいばんごう)は何番(なんばん)ですか。

케–따이방고와 난방데스까

★ 019 몇 번 버스를 이용하나요?

何番(なんばん)のバスを利用(りよう)しますか。

난방노 바스오 리요–시마스까

★ 020 몇 번째입니까?

何番目(なんばんめ)ですか。

난방메데스까

Part 03

쇼핑/금액

패턴 021

いくらですか。

이꾸라데스까

'얼마입니까?'라는 뜻입니다. 일상생활에서 물건을 구입하거나 어떤 가격을 지불할 때에 사용되는 표현입니다.

千円(せんえん)です。
센엔데스

1000엔입니다.

今(いま)セールで安(やす)くなっています。
이마 세-루데 야스꾸 낫떼 이마스

지금 세일로 싸게 팔고 있습니다.

今(いま)ならお買(か)い得(どく)です。
이마나라 오카이도꾸데스

지금이라면 아주 저렴합니다.

TIP

일본에서 상점에서 흔히 볼 수 있는 것이 お買(か)い得(どく)라는 표현입니다. 이는 특가 세일 상품을 말하는 뜻으로 '싸게 사서 이득을 볼 수 있음'을 말하며 흔히 '득템'을 말한다고 알아 두시길 바랍니다.

관련표현

☑ 가격은 어느 정도입니까?

値段(ねだん)はどのくらいですか。

네단와 도노구라이데스까

☑ 전부 얼마입니까?

全部(ぜんぶ)でいくらぐらいですか。

젠부데 이꾸라구라이데스까

☑ 생각했던 것보다 싸네요.

思(おも)ったより安(やす)いですね。

오못따요리 야스이데스네

☑ 조금 깎아 주세요.

少(すこ)しまけてください。

스꼬시 마께떼구다사이

단어

値段(ねだん) 가격

全部(ぜんぶ) 전부

まける 깎다, 싸게 하다

'가격'을 나타내는 말은 値段(ねだん)과 価額(かがく)가 있습니다. 상점 등에서도 혼용하고 있으므로 자주 쓰이는 표현을 잘 알아 두시기 바랍니다.

대화문

A : 이거, 얼마예요?

これ、いくらですか。

고레 이꾸라데스까

B : 100g에 250엔입니다.

100グラムで250円(えん)です。

햐꾸그라므데 니햐꾸고쥬-엔데스

A : 생각했던 것보다 비싸네요.

思(おも)ったより高(たか)いですね。

오못따요리 다까이데스네

B : 이 고기는 부드럽고 맛있어요.

この肉(にく)はやわらかくておいしいですよ。

코노 니꾸와 야와라까꾸떼 오이시-데스요

A : 조금 싸게 되나요?

少(すこ)し安(やす)くなりますか。

스꼬시 야스꾸 나리마스까

B : 100g에 200엔으로 깎아 드리겠습니다.

100グラム200円(えん)にまけておきます。

햐꾸그라므 니햐꾸엔니 마께떼 오끼마스

단어

いくら (가격) 얼마

グラム 그램

高(たか)い 비싸다

肉(にく) 육고기

やわらかい 부드러운

おいしい 맛있는

가격이 너무 비쌀 때 쓰는 유사한 표현으로는 すごく高いです 또는 高すぎです가 있습니다.

패턴 022

りんご1個(こ)いくらですか。

링고 잇꼬 이꾸라데스까

'사과 한 개에 얼마입니까?'라는 뜻입니다. 일본어에서도 한국어와 마찬가지로 물건을 구입하거나 어떤 가격을 지불할 때에 특정한 수량을 표시하여 사용합니다.

100円(えん)です。 — **100엔입니다.**

하꾸엔데스

ばら売(う)りはしていません。 — **낱개로는 팔지 않습니다.**

바라우리와 시떼 이마센

そこに書(か)いてありますよ。 — **거기에 적혀 있습니다.**

소꼬니 카이떼 아리마스요

TIP

어떤 물건의 수량을 셀 때에 사용되는 ~個(こ)는 '~개의 의미로 사용되며, 사과나 달걀과 같이 하나로 구분되는 물건을 셀 때에 사용됩니다. 참고로 종이와 같은 '~장'을 의미하는 것은 ~枚(まい)를 사용합니다.

관련표현

☑ 한 개씩 팔고 있습니까?

1個(こ)ずつ売(う)っていますか。

잇꼬즈쯔 웃떼이마스까

☑ 한 봉지에 얼마입니까?

袋(ふくろ)入(い)りでいくらですか。

후꾸로이리데 이꾸라데스까

☑ 아주 비싼 듯하네요.

ずいぶん高(たか)めですね。

즈이분 다까메데스네

☑ 1000엔 주십시오.

千(せん)円(えん)頂(ちょう)戴(だい)します。

센엔 쵸-다이시마스

단어

~ずつ ~씩

袋入(ふくろい)り 봉지에 넣은 모양, 한 봉지

ずいぶん 아주, 매우

高(たか)め 비싼 듯, 높은 듯

頂戴(ちょうだい) (남 또는 윗사람으로부터) 받음

일본에서 물건을 구매하거나 가격을 지불할 때 상대방으로부터 頂戴(ちょうだい)します 또는 頂(いただ)きします라는 표현을 자주 듣게 됩니다. 두 가지 표현 모두 상대방을 높여서 표현하는 방법입니다.

대화문

A : 사과 한 개에 얼마입니까?

りんご1個(こ)いくらですか。

링고 잇꼬 이꾸라데스까

B : 한 개에 120엔입니다.

1個(こ)120円(えん)です。

잇꼬 하꾸니쥬−엔데스

A : 조금 비싼 듯하네요.

少(すこ)し高(たか)めですね。

스꼬시 타까메데스네

B : 봉투에 들어 있는 건 5개입에 500엔입니다.

袋(ふくろ)に入(はい)ったのは5個入(こい)りで500円(えん)です。

후꾸로니 하잇따노와 고꼬이리데 고하꾸엔데스

A : 그럼 그걸로 할까…

じゃあ、それにしようかな…

쟈− 소레니 시요−까나

B : 네, 500엔입니다.

はい。500円(えん)いただきます。

하이 고하꾸엔이따다끼마스

단어

りんご 사과

いくら (가격, 수량) 얼마

～個入(こい)り ～개 들이

～しようかな는 '～할까…'라는 뜻으로 주로 독백형태로 사용되는 표현입니다. 참고로 ～しようか는 '～할까?'라는 의미로 상대방에게 의견이나 의향을 묻습니다.

패턴 023

何(なに)を買(か)いますか。

나니오 가이마스까

'무엇을 사시겠습니까?'라는 뜻입니다. 상대방에게 어떤 것을 살 것인지에 대해 질문하는 표현입니다. 대화 상대 또는 상점의 점원 등으로부터 자주 듣는 표현입니다.

見(み)てから決(き)めます。 보고서 결정하겠습니다.
미떼까라 키메마스

服(ふく)を買(か)いたいです。 옷을 사고 싶습니다.
후꾸오 카이따이데스

今回(こんかい)は見(み)るだけにします。 이번에는 보기만 하겠습니다.
곤까이와 미루다께니시마스

TIP

동사와 함께 ~てから를 사용하면 어떤 동작을 완료한 '~후에'라는 뜻입니다. 주로 동작의 연속성이 있는 경우에 사용되므로 자주 사용됩니다.

관련표현

☑ 뭘 갖고 싶습니까?

何が欲しいですか。

나나가 호시-데스까

☑ 싸고 좋은 물건을 사고 싶습니다.

安くていいものを買いたいです。

야스꾸떼 이-모노오 가이따이데스

☑ 같이 골라 주세요.

一緒に選んでください。

잇쇼니 에란데구다사이

☑ 이것을 사겠습니다.

これを買います。

고레오 가이마스

단어

欲しい 갖고 싶다, 원하다

買いたい 사고 싶다

選ぶ 고르다, 선별하다

여러 가지 중에서 어떤 것을 '고른다'는 표현은 選ぶ라는 단어를 사용합니다. 물건들을 고를 때에 자주 사용되는 말입니다.

대화문

A : 무엇을 살 건가요?

何(なに)を買(か)いますか。

나니오 가이마스까

B : 저 갖고 싶은 것이 많이 있습니다.

私(わたし)、欲(ほ)しいものがたくさんあります。

와따시 호시―모노가 다꾸상 아리마스

A : 잘 보고 골라 주세요.

よく見(み)て選(えら)んでくださいね。

요꾸 미떼 에란데 구다사이네

B : 이거 싸고 귀여워요.

これ安(やす)くて可愛(かわい)い。

고레 야스꾸떼 가와이―

A : 좋아 보이네요.

よさそうですよ。

요사소―데스요

B : 이걸로 정할게요.

これに決(き)めます。

고레니 키메마스

단어

たくさん 많이, 엄청

可愛(かわい)い 귀엽다, 사랑스럽다

よさそう 좋을 듯, 좋아 보이는

よさそう는 관용적으로 '좋을 듯하다'라는 의미로 사용됩니다. 보통 동사나 조동사의 연용형 또는 형용사나 형용동사의 어간에 **~そう**를 붙여서 '~ 듯하다'라는 뜻으로 사용됩니다.

패턴 024

いくら両替(りょうがえ)しますか。

이꾸라 료-가에시마스까

'얼마 환전합니까?'라는 뜻입니다. 은행이나 관광지 등의 환전소에서 사용되는 표현입니다. 대화 상대 또는 환전소의 관계자 등으로부터 자주 들을 수 있는 표현입니다.

5万円(まんえん)くらいにしておきます。 **5만엔 정도 해 둘 생각입니다.**

고만엔구라이니 시떼오끼마스

3万円(まんえん)だけ換(か)えるつもりです。 **3만엔만 바꿀 생각입니다.**

산만엔다께 가에루쯔모리데스

ちょうど10万円(まんえん)です。 **정확히 10만엔입니다.**

쵸-도 쥬-만엔데스

TIP

환전이라는 표현은 両替(りょうがえ)을 사용합니다만 외국 화폐의 교환만을 한정하는 것이 아니라 지폐나 동전 등의 교환에도 상용할 수 있다는 것을 알아 두시기 바랍니다.

관련표현

☑ 환전합니다.

換金(かんきん)します。

간킨시마스

☑ 일본 엔을 어느 정도 바꿀 겁니까?

日本円(にほんえん)をどのくらい換(か)えますか。

니혼엔오 도노구라이 가에마스까

☑ 은행에서 환전합니다.

銀行(ぎんこう)で両替(りょうがえ)します。

긴꼬-데 료-가에시마스

☑ 환전 창구는 어디입니까?

両替(りょうがえ)の窓口(まどぐち)はどこですか。

료-가에노 마도구찌와 도꼬데스까

단어

換金(かんきん) 환금, 돈으로 바꿈

換(か)える 바꾸다, 교환하다

両替(りょうがえ) 환전

銀行(ぎんこう) 은행

窓口(まどぐち) 창구

앞에서 설명한 것과 같이 화폐를 동일한 가치의 다른 화폐로 교환하는 '환전'은 両替(りょうがえ)를 사용합니다만 동일한 표현으로 換金(かんきん)도 사용합니다.

대화문

A : 환전하고 싶은데요.

両替(りょうがえ)したいんですけど。

료–가에시따인데스께도

B : 일본 엔을 한국 원으로 환전하시겠습니까?

日本円(にほんえん)を韓国(かんこく)のウォンに両替(りょうがえ)されますか。

니혼엔오 간꼬꾸노 원니 료–가에사레마스까

A : 네. 한국 원으로 환전하겠습니다.

はい。韓国(かんこく)のウォンに両替(りょうがえ)します。

하이 간꼬꾸노 원니 료–가에시마스

B : 얼마 환전하시겠습니까?

いくら両替(りょうがえ)しますか。

이꾸라 료–가에시마스까

A : 10만엔 정도 부탁하겠습니다.

10万円分(まんえんぶん)お願(ねが)いします。

쥬–만엔분 오네가이시마스

B : 알겠습니다.

かしこまりました。

가시꼬마리마시다

단어

円(えん) (일본 화폐단위) 엔

ウォン (한국 화폐단위) 원

分(ぶん) ~가량, ~ 정도

かしこまる 정좌하다, 명령을 받다

일본에서는 음식점이나 상점 등에서 직원들이 かしこまりました라고 말하는 것을 자주 듣습니다. 이는 '정좌하다' 또는 '명령을 받다'라는 뜻으로 주로 상대방의 요구를 정확히 이해하고 수행하겠다는 의미로 상대방을 높여 주는 '잘 알겠습니다'라는 뜻입니다.

패턴
025

値下(ねさ)げできますか。

네사게데끼마스까

'깎아 줄 수 있나요?'라는 뜻입니다. 물건을 사거나 비용을 지불해야 하는 상황에서 자주 사용될 수 있는 표현으로 가격을 낮춰 달라 즉 좀 깎아 달라는 말입니다.

少(すこ)しならできますよ。 **조금이라면 가능해요.**

스꼬시나라 데끼마스요

これは値下(ねさ)げした価格(かかく)です。 **이것은 싸게 한 가격입니다.**

고레와 네사게시따 가까꾸데스

これ以上(いじょう)は難(むずか)しいですね。 **이 이상은 어렵습니다.**

고레 이죠–와 무즈까시–데스네

TIP

難(むずか)しい는 '어렵다' 또는 '난해하다'라는 뜻으로 사용됩니다. 어떠한 상황 또는 문제가 해결하기 곤란할 경우에 사용하는 말입니다.

관련표현

☑ 조금 더 싸게 됩니까?

もう少(すこ)し安(やす)くなりますか。

모– 스꼬시 야스꾸 나리마스까

☑ 깎아 드리겠습니다.

まけてあげます。

마께떼 아게마스

☑ 다른 곳보다 비싸네요.

他(ほか)の所(ところ)より高(たか)いですね。

호까노 도꼬로요리 다까이데스네

☑ 이 이상은 싸게 안 됩니다.

これ以上(いじょう)は安(やす)くなりません。

고레 이죠–와 야스꾸나리마센

주로 물건 값을 깎는다는 표현은 安(やす)くする, まける, 値引(ねび)き, 割引(わりび)き 등과 같이 다양합니다.

단어

他(ほか)の所(ところ) 다른 곳

대화문

A : 이건 오늘 아침 갓 잡은 생선입니다.

これは今朝(けさ)獲(と)れたての魚(さかな)です。

고레와 게사 토레타떼노 사까나데스

B : 조금 더 깎아 줄 수 없나요?

もう少(すこ)し値下(ねさ)げできますか。

모-스꼬시 네사게데끼마스까

A : 다른 곳보다 싸요.

他(ほか)の所(ところ)より安(やす)くなってますよ。

호까노 토꼬로요리 야스꾸 낫떼마스요

B : 조금만 더 깎아주세요.

もう少(すこ)しまけてください。

모- 스꼬시 마께떼 구다사이

A : 조금만이에요.

少(すこ)しだけですよ。

스꼬시다께데스요

B : 고맙습니다. 또 올게요.

ありがとうございます。また来(き)ます。

아리가또-고자이마스 마따 끼마스

단어

今朝(けさ) 오늘 아침

獲(と)れたて 잡은 지 오래 되지 않은, 신선한

魚(さかな) 물고기, 생선

値下(ねさ)げする 깎다, 할인하다

~より는 '~보다'라는 뜻으로 사용되는 표현으로, 어떤 것과 비교하여 그 특징 또는 상황을 표현할 때에 사용할 수 있습니다.

気(き)に入(い)りましたか。

기니 이리마시다까

패턴 026

'마음에 드셨나요?'라는 뜻입니다. 상대방에게 어떤 물건 또는 상황이 마음에 드는지에 대해 물어볼 때에 사용합니다.

はい。なかなかいいと思(おも)います。 네. 꽤 괜찮다고 생각해요.

하이 나까나까 이-또 오모이마스

これくらいなら大丈夫(だいじょうぶ)です。 이 정도면 괜찮아요.

고레구라이나라 다이죠-부데스

あまり好(す)きではありません。 그다지 좋지 않아요.

아마리 스끼데와 아리마센

TIP

あまり는 '그다지' 또는 '썩'이라는 뜻으로 부정어와 함께 사용합니다. 회화에서 말하는 사람의 느낌을 함께 전달할 때에 사용합니다.

관련표현

☑ 마음에 드셨습니까?

お気(き)に召(め)しましたか。

오끼니 메시마시다까

☑ 마음에 드는 것이 없습니다.

気(き)に入(い)るのがありません。

기니 이루노가 아리마센

☑ 마음에 들지 않아서 그만두겠습니다.

気(き)に入(い)らないのでやめておきます。

기니 이라나이노데 야메떼 오끼마스

☑ 조금 더 생각해 보겠습니다.

もう少(すこ)し考(かんが)えてみます。

모- 스꼬시 강가에떼 미마스

단어

お気(き)に召(め)す 마음에 드시다(관용형 존칭 표현)

やめておく 그만두다, 포기하다

考(かんが)えてみる 생각해 보다(관용형 표현)

'마음에 들다'는 気(き)に入(い)る입니다. 물건이나 상황 등이 마음에 드는지를 표현하는 방법입니다.

대화문

A : 그 옷 마음에 드셨습니까?

その服(ふく)、気(き)に入(い)りましたか。

소노 후꾸 기니 이리마시다까

B : 네. 마음에 듭니다. 다나카 씨는요?

はい。気(き)に入(い)りました。田中(たなか)さんは。

하이 기니 이리마시다 다나까상와

A : 저는 아직 마음에 드는 걸 찾지 못했습니다.

私(わたし)はまだ気(き)に入(い)ったのが見(み)つかりません。

와따시와 마다 기니 잇따노가 미쯔까리마센

B : 조금 전 옷 꽤 괜찮다고 생각해요.

さっきの服(ふく)、なかなかいいと思(おも)いますよ。

삿끼노 후꾸 나까나까이–또 오모이마스요

A : 조금 더 찾아보겠습니다.

もう少(すこ)し探(さが)してみます。

모– 스꼬시 사가시떼 미마스

B : 마음에 드는 것을 찾으면 좋겠네요.

気(き)に入(い)るのが見(み)つかるといいですね。

기니 이루노가 미쯔까루또 이–데스네

단어

見(み)つからない 보이지 않다, 찾아지지 않다

さっき 조금 전

探(さが)してみる 찾아보다

형용사 또는 형용동사에 ～の를 붙여 사용하면 형용사 또는 형용동사의 명사형이 됩니다. 入(い)ったの는 入(い)った와 ～の를 함께 사용되어 '마음에 드는 것'이라는 뜻이 됩니다.

패턴 **027**

ワンサイズ小(ちい)さいのありますか。

완사이즈 치-사이노 아리마스까

'한 사이즈 작은 것 있나요?'라는 뜻입니다. 상점 등에서 크기와 같이 치수에 대한 대화에서 사용되는 표현입니다.

ありますよ。お見(み)せしましょうか。

아리마스요 오미세시마쇼-까

있습니다. 보여 드릴까요?

すみません。売(う)り切(き)れました。

스미마센 우리끼레마시다

죄송합니다. 품절입니다.

探(さが)してみます。少(すこ)しお待(ま)ちください。

사가시떼 미마스 스꼬시 오마찌구다사이

찾아보겠습니다. 잠깐만 기다리세요.

TIP

~てみます는 어떤 동작이나 행위를 '~해 보겠다'라는 의미로 자주 사용되는 표현입니다.

관련표현

☑ 한 사이즈 큰 거 있습니까?

おお
ワンサイズ大きいのありますか。

완사이즈 오-끼-노 아리마스까

☑ 이것이 가장 큰 사이즈입니다.

いち ばん おお
これが一番大きいサイズです。

고레가 이찌방 오-끼-사이즈데스

☑ 입어 봐도 되나요?

し ちゃく
試着してもいいですか。

시챠꾸시떼모 이-데스까

☑ 정말 죄송합니다.

もう わけ
申し訳ございません。

모-시와께고자이마센

단어

ワン 하나(one)

サイズ 사이즈(size)

いちばん
一番 1번, 제일

し ちゃく
試着 시착, 입어 봄

もう わけ
申し訳ない 송구하다, 죄송하다

상대방에게 사과 혹은 양해를 구할 때에 사용하는 표현은 **すみません**이 있습니다만 다른 표현으로 **申し訳(もうわけ)ありません**이 있으며 이 표현의 존칭형은 **申し訳(もうわけ)ございません**입니다.

대화문

A : 한 사이즈 작은 거 있나요?

ワンサイズ小(ちい)さいのありますか。

완사이즈 치-사이노 아리마스까

B : 네, 있습니다.

はい。ございます。

하이 고자이마스

A : 한번 입어 봐도 되나요?

一度(いちど)着(き)てみてもいいですか。

이찌도 키떼미떼모 이-데스까

B : 네 이곳이 탈의실입니다.

はい。こちらが試着室(しちゃくしつ)です。

하이 코찌라가 시챠꾸시쯔데스

A : 실례합니다. 더 한 사이즈 작은 거 있나요?

すみません。もうワンサイズ小(ちい)さいのありますか。

스미마센 모- 완사이즈 치-사이노 아리마스까

B : 이게 제일 작은 사이즈입니다.

これが一番(いちばん)小(ちい)さいサイズです。

고레가 이찌방 치-사이사이즈데스

단어

小(ちい)さい 작다, 조그맣다

一度(いちど) 한번

試着室(しちゃくしつ) 탈의실, 피팅룸

すみません은 일반적으로 미안하다는 표현으로 사용되지만, 일상 생활에서나 상점 등에서 상대방을 호출할 때에도 관용적으로 사용됩니다.

新(あたら)しい商品(しょうひん)ですか。

아따라시–쇼–힌데스까

패턴 **028**

'새로운 상품인가요?'라는 뜻입니다. 상점 등에서 물건을 고를 때에 사용하는 표현으로 자주 사용됩니다.

素敵(すてき)ですね。 **멋지네요.**

스떼끼데스네

高(たか)そうですね。 **비싸 보이네요.**

다까소–데스네

欲(ほ)しいです。 **갖고 싶어요.**

호시–데스

TIP

素敵(すてき)는 '멋지다' 또는 '훌륭하다'라는 뜻으로 대상의 모양이나 형태를 말할 때에 사용되지만, 어떤 결과나 행동의 완성 정도에 대한 감탄의 표현으로도 사용됩니다.

관련표현

☑ 인기 상품입니다.

め だましょうひん
目玉商品です。

메다마쇼-힌데스

☑ 특가 상품입니다.

か どくしょうひん
お買い得商品です。

오까이도꾸 쇼-힌데스

☑ 새로 입고되었습니다.

あたら にゅうか
新しく入荷しました。

아따라시꾸 뉴-까시마시다

☑ 다른 색깔도 보시겠습니까?

ちが いろ らん
違う色もご覧になりますか。

찌가우 이로모 고란니 나리마스까

단어

にゅうか
入荷 입하, 입고

ちが
違う 다름, 틀림

いろ
色 색, 색깔

らん
ご覧になる 보시다 (보다의 존칭형)

めだましょうひん
目玉商品은 주로 상점 등에서 광고 표시 등으로 사용되며 '인기 상품' 또는 '주목할 상품' 등의 의미입니다.

대화문

A : 멋진 신발이네요. 새로운 상품인가요?

素敵(すてき)な靴(くつ)ですね。新(あたら)しい商品(しょうひん)ですか。

스떼끼나 구쯔데스네 아따라시-쇼-힌데스까

B : 네. 신상품입니다.

はい。新商品(しんしょうひん)です。

하이 신쇼-힌데스

A : 신어 봐도 되나요?

履(は)いてみてもいいですか。

하이떼 미떼모 이-데스까

B : 그럼요. 거울을 보십시오.

どうぞ。鏡(かがみ)をご覧(らん)になってください。

도-조 가가미오 고란니 낫떼구다사이

A : 다른 새로운 상품이 있나요?

他(ほか)に新(あたら)しい商品(しょうひん)がありますか。

호까니 아따라시-쇼-힌가 아리마스까

B : 네. 이 신발의 색이 다른 것이 있습니다.

はい。この靴(くつ)の色違(いろちが)いがあります。

하이 고노 구쯔노 이로치가이가 아리마스

단어

素敵(すてき) 멋진, 훌륭한

靴(くつ) 신발

履(は)いてみる 신어 보다

鏡(かがみ) 거울

他(ほか) 다른, 기타

色違(いろちが)い 색깔이 다른

일본어의 존칭은 상대를 높이는 표현과 말하는 사람을 낮추는 표현이 있습니다. 본문의 ご覧(らん)になる는 '보다'에서 상대방을 높여 주는 표현으로 사용하는 예입니다.

패턴
029

コンビニに行きますか。

콘비니니 이끼마스까

'편의점에 갈래요?'라는 뜻입니다. 상대방에게 어떤 장소에 가자는 권유를 할 때에 ~に行きますか라는 표현을 사용합니다. 장소를 나타내는 말에 조사 ~に가 사용된다는 것을 알아 두시기 바랍니다.

そうしましょう。 **그렇게 해요.**
소-시마쇼-

私も行きたかったです。 **저도 가고 싶었습니다.**
와따시모 이끼따깟따데스

コンビニに何がありますか。 **편의점에 뭐가 있습니까?**
콘비니니 나니가 아리마스까

TIP

일본인은 긴 외래어를 줄여서 표기하는 경우가 많습니다. コンビニ는 편의점을 뜻하는 コンビニエンス·ストア의 줄임말이며, 스마트폰은 スマートホン를 줄여서 スマホ라고 합니다.

관련표현

☑ 편의점은 편리합니다.

コンビニは便利(べんり)です。

콘비니와 벤리데스

☑ 슈퍼마켓를 이용합니다.

スーパーを利用(りよう)します。

스-파-오 리요-시마스

☑ 편의점 도시락을 자주 삽니다.

コンビニの弁当(べんとう)をよく買(か)います。

콘비니노 벤또-오 요꾸 가이마스

☑ 이곳 밥은 맛있게 보여요.

ここのご飯(はん)はおいしいそうです。

고꼬노 고항와 오이시-소-데스

단어

コンビニ 편의점

スーパー 슈퍼마켓

弁当(べんとう) 도시락

美味(おい)しい 맛있는

'도시락'은 弁当(べんとう)입니다. 일본의 철도역에서는 지역의 특산물을 활용한 다양한 도시락을 판매하고 있습니다. 이러한 역에서 판매하는 도시락은 駅弁(えきべん)이라고 합니다.

대화문

A : 야마다 씨, 편의점에 갈래요?

山田さん、コンビニに行きますか。

야마다상 콘비니니 이끼마스까

B : 좋네요.

いいですね。

이–데스네

A : 저는 편의점을 자주 이용합니다.

私はコンビニをよく利用します。

와따시와 콘비니오 요꾸 리요–시마스

B : 어떤 걸 삽니까?

どんなものを買いますか。

돈나 모노오 가이마스까

A : 저는 도시락을 자주 삽니다.

私は弁当をよく買います。

와따시와 벤또–오 요꾸 가이마스

B : 빵이나 케이크가 맛있게 보여요.

パンやショートケーキもおいしそうですよ。

팡야 쇼–또케–끼모 오이시소–데스요

단어

行く 가다

利用 이용

パン 빵

ショートケーキ 조각 케이크

ご飯은 '밥' 또는 '식사'를 나타내는 말입니다. 일반적으로 '밥'은 めし이고, '식사'는 食事이지만 이러한 말들의 존칭어인 ご飯이 일반적인 표현으로 사용됩니다.

패턴 030

カードは使(つか)えますか。

카-도와 쯔까에마스까

'카드는 쓸 수 있나요?'라는 뜻입니다. 상점이나 식당 등에서 가격을 지불할 때 신용카드를 사용할 수 있는지 문의하는 표현입니다. カード는 신용카드입니다.

カードでよろしいですよ。
카-도데 요로시-데스요
카드로 괜찮습니다.

はい。お支払(しはら)いはどのようになさいますか。
하이 오시하라이와 도노요-니 나사이마스까
네 지불은 어떻게 하시겠습니까?

こちらは現金(げんきん)のみになっております。
고찌라와 겡낀노미니 낫떼오리마스
여기에서는 현금으로만 지불 가능합니다.

TIP

명사와 함께 쓰이는 조사 ~のみ는 ~だけ와 마찬가지로 한정하는 표현으로 앞에 나오는 명사의 뜻에 더해 '~뿐' 또는 '~만'이라는 뜻입니다.

관련표현

☑ 카드를 이용해 주세요.

カードをご利用(りよう)ください。

카-도오 고리요-구다사이

☑ 계산 부탁합니다.

お会計(かいけい)お願(ねが)いします。

오까이케- 오네가이시마스

☑ 일시불로 해 드릴까요?

一括払(いっかつばら)いになさいますか。

잇까쯔바라이니 나사이마스까

☑ 요금을 지불해 주시겠습니까?

お支払(しはら)いいただけますか。

오시하라이 이따다께마스까

단어

カード 카드, 신용카드

会計(かいけい) 회계, 계산

一括払(いっかつばら)い 일시불

支払(しはら)い 지불, 계산

가게나 상점 등에서 비용을 지불할 때 会計(かいけい), 支払(しはら)い를 사용합니다. 모두 '가격을 지불하는 것'을 의미하며 자주 사용되는 표현입니다.

대화문

A : 계산해 드리겠습니다.

お会計(かいけい)させていただきます。

오까이케-사세떼 이따다끼마스

B : 카드는 쓸 수 있나요?

カードは使(つか)えますか。

카-도와 쯔까에마스까

A : 네. 사용하실 수 있습니다.

はい。ご利用(りよう)いただけます。

하이 고리요-이따다께마스

B : 그럼 카드로 부탁합니다.

ではカードでお願(ねが)いします。

데와 카-도데 오네가이시마스

A : 지불은 어떻게 하시겠습니까?

お支払(しはら)いはどうなさいますか。

오시하라이와 도-나사이마스까

B : 일시불로 해 주세요.

一括払(いっかつばら)いでお願(ねが)いします。

잇까쯔바라이데 오네가이시마스

단어

使(つか)う 사용하다

では 그러면, 그렇다면

お願(ねが)い 부탁, 요청

一括払(いっかつばら)는 '일시불'이라는 뜻입니다. 3개월 할부는 3回払(かいばら)い로 표현합니다.

복습하기 [패턴 021-030] 쇼핑/금액

★ 021 얼마입니까?

いくらですか。

이꾸라데스까

★ 022 사과 한 개에 얼마입니까?

りんご1個(こ)いくらですか。

링고 잇꼬 이꾸라데스까

★ 023 무엇을 사시겠습니까?

何(なに)を買(か)いますか。

나니오 가이마스까

★ 024 얼마 환전합니까?

いくら両替(りょうがえ)しますか。

이꾸라 료–가에시마스까

★ 025 깎아 줄 수 있나요?

値下(ねさ)げできますか。

네사게데끼마스까

★ 026 마음에 드셨나요?

気(き)に入(い)りましたか。

기니 이리마시다까

★ 027 한 사이즈 작은 것 있나요?

ワンサイズ小(ちい)さいのありますか。

완사이즈 치–사이노 아리마스까

★ 028 새로운 상품인가요?

新(あたら)しい商品(しょうひん)ですか。

아따라시–쇼–힌데스까

★ 029 편의점에 갈래요?

コンビニに行(い)きますか。

콘비니니 이끼마스까

★ 030 카드는 쓸 수 있나요?

カードは使(つか)えますか。

카–도와 쯔까에마스까

Part 04

단위

패턴 031

いくつですか。

이꾸쯔데스까

'몇 살입니까?'라는 뜻입니다. いくつですか**는 보통 수량을 물어볼 때에 사용하는 표현이지만, 상대방의 나이를 물어볼 때도 사용합니다. 동년배나 비슷한 또래에게 물을 때 쓸 수 있는 표현입니다.**

私(わたし)は25歳(さい)です。 **저는 25살입니다.**

와따시와 니쥬-고사이데스

いくつに見(み)えますか。 **몇 살로 보이나요?**

이꾸쯔니 미에마스까

当(あ)ててみてください。 **맞춰 보세요.**

아떼떼 미떼구다사이

TIP

상대방의 나이를 물어볼 때에 보통 몇 살인지 물어보기도 하지만, 일본도 한국과 마찬가지로 12간지를 사용하므로 이를 이용하여 물어볼 수도 있습니다. '띠'를 나타내는 干支(えと) 또는 '무슨 해'를 말하는 何年(なにとし)도 동일하게 띠를 나타내는 표현으로 사용합니다.

관련표현

☑ 몇 살이세요?

何歳（なんさい）ですか。

난사이데스까

☑ 연세를 여쭤봐도 되겠습니까?

お歳（とし）を伺（うかが）ってもいいですか。

오토시오 우카갓떼모 이–데스까

☑ 당신의 나이는요?

あなたの年齢（ねんれい）は。

아나따노 넨레–와

☑ 두 살 아래입니다.

二（ふた）つ年下（としした）です。

후타쯔토시시따데스

상대방의 나이를 물어보는 표현은 いくつですか와 何歳（なんさい）ですか입니다. 상대방을 높여줄 때에는 おいくつですか라고 하며 아랫사람이나 친근한 사이에는 いくつ와 何歳（なんさい） 등을 사용할 수 있습니다.

단어

歳（とし） 세(나이)

年齢（ねんれい） 연령

年下（としした） 연하, 나이가 아래인

대화문

A : 나이는 몇 살인가요?

歳(とし)はいくつですか。

토시와 이꾸쯔데스까

B : 저는 올해 24살이 됩니다.

私(わたし)は今年(ことし)24になります。

와따시와 고토시 니쥬-욘니 나리마스

A : 젊네요.

若(わか)いですね。

와까이데스네

B : 스즈키 씨는 몇 살인가요?

鈴木(すずき)さんはいくつですか。

스즈끼상와 이꾸쯔데스까

A : 저는 다나카 씨보다 한 살 위예요.

私(わたし)は田中(たなか)さんより一(ひと)つ上(うえ)です。

와따시와 다나까상요리 히또쯔 우에데스

B : 25살이군요.

25歳(さい)ですね。

니쥬-고사이데스네

단어

若(わか)い 젊은, 어린

一(ひと)つ上(うえ) 한살 위

~に見(み)える는 '~으로 보이다'라는 뜻입니다. 이는 말하는 사람의 주관적인 판단을 표현하는 방법입니다. 이때 조사는 ~に가 사용되는 것에 유의하세요.

どのくらい長(なが)いですか。

도노쿠라이 나가이데스까

패턴 032

'얼마나 오래되었습니까?' 혹은 '얼마나 깁니까?'라는 뜻입니다.
어떤 상황의 정도나 양의 정도를 질문할 때에 どのくらい를 사용합니다.

付(つ)き合(あ)って3年(ねん)になります。 사귄 지 3년이 됩니다.
쯔끼앗떼 산넨니 나리마스

日本(にほん)で一番(いちばん)長(なが)い川(かわ)です。 일본에서 제일 긴 강입니다.
니혼데 이찌방 나가이 가와데스

すごい行列(ぎょうれつ)で2時間(じかん)待(ま)ちです。 엄청나게 긴 줄로 대기시간이 2시간입니다.
스고이 교-레쯔데 니지깐마찌데스

TIP

일본어에서 付(つ)き合(あ)う는 상황과 쓰임에 따라 그 의미가 달라질 수 있습니다. 일반적으로는 '함께 ~하다' 또는 상대방의 행동에 '함께 ~참여하다'라는 의미로 사용되고, 남녀 간에는 '사귀다'라는 뜻으로 사용됩니다.

관련표현

☑ 길이를 재어 본다.

長さ(なが)を測(はか)ってみる。

나가사오 하깟떼미루

☑ 그 정도로 길지 않다.

それほど長(なが)くない。

소레호도 나가꾸나이

☑ 바지의 길이가 길다.

ズボンの丈(たけ)が長(なが)い。

즈본노 다케가 나가이

단어

長さ(なが) 길이

ズボン 바지

丈(たけ) 기장, 길이

それほど는 뒤에 부정적인 표현을 함께 사용하여 생각했던 것보다 또는 실제로는 '그런 정도는 … (아니다)'라는 뜻으로 사용됩니다.

대화문

A : 그와는 오래 사귀었습니다.

彼(かれ)とは長(なが)い付(つ)き合(あ)いです。

가레또와 나가이 쯔끼아이데스

B : 얼마나 오래되었습니까?

どのくらい長(なが)いですか。

도노쿠라이 나가이데스까

A : 초등학생 때부터 친구로 15년 되었습니다.

小学校(しょうがっこう)のときから友達(ともだち)で15年(ねん)になります。

쇼각꼬-노 도끼까라 도모다찌데 쥬-고넨니 나리마스

B : 오래되었네요.

長(なが)いですね。

나가이데스네

A : 서로 뭐든지 알아요.

お互(たが)い何(なん)でも知(し)っています。

오따가이 난데모 싯떼 이마스

B : 좋은 파트너군요.

良(よ)きパートナーですね。

요끼 파-또나-데스네

단어

彼(かれ) 그, 그 남자

お互(たが)い 서로, 상호간

何(なん)でも 무엇이든

良(よ)き 좋은

パートナー 파트너

彼(かれ)는 3인칭으로 사용될 경우 '그' 또는 '그 남자'라는 뜻이며 나 또는 타인의 남자 친구 또는 연인을 말할 때도 사용됩니다. 보통 자신의 남자 친구는 彼(かれ)를, 타인의 남자 친구는 彼氏(かれし)를 씁니다.

패턴
033

身長(しんちょう)はいくつですか。

신쪼-와 이꾸쯔데스까

'키는 얼마입니까?'라는 뜻입니다. 상대방 또는 타인의 신장(키)에 대해 질문할 때에 사용하는 표현입니다.

150センチです。
하꾸고쥿센찌데스

150cm입니다.

160センチくらいです。
하꾸로꾸쥿센찌구라이데스

160cm 정도입니다.

170センチはあると思(おも)います。
하꾸나나쥿센찌와 아루또 오모이마스

170cm는 된다고 생각합니다.

TIP

키나 몸무게의 정도를 말할 때 ~はある는 표현을 사용합니다. 예를 들어 한국어로 '몸무게가 60킬로이다'는 일본어로 体重(たいじゅう)は60キロある라고 합니다.

관련표현

☑ 신장은 어느 정도 되나요?

身長(しんちょう)はいくらですか。

신쬬-와 이꾸라데스까

☑ 신장은 몇 cm입니까?

身長(しんちょう)は何(なん)センチですか。

신쬬-와 난센찌데스까

☑ 키는 어느 정도 되나요?

背(せ)はどれくらいですか。

세와 도레구라이데스까

☑ 180은 안 된다고 생각합니다.

180センチはないと思(おも)います。

햐꾸하찌쥬-센찌와 나이또 오모이마스

단어

身長(しんちょう) 신장

センチ 센치(단위)

背(せ) 키, 신장

사람의 '키'를 말할 때에는 身長(しんちょう)라고 합니다만 보통 회화에서는 背(せ)라고 표현합니다.

대화문

A : 스즈키 씨, 키는 얼마입니까?

鈴木(すずき)さん、身長(しんちょう)はいくつですか。

스즈끼상 신쬬–와 이꾸쯔데스까

B : 저는 165cm입니다. 야마다 씨는 몇 cm입니까?

私(わたし)は165センチです。山田(やまだ)さんは何(なん)センチですか。

와따시와 햐꾸로꾸쥬–고센찌데스 야마다상와 난센찌데스까

A : 저는 180cm였는데 또 컸습니다.

私(わたし)は180センチでしたが、また伸(の)びました。

와따시와 햐꾸하찌쥬–센찌데시다가 마따 노비마시다

B : 키가 크네요.

背(せ)が高(たか)いですね。

세가 타까이데스네

A : 가족 모두 170cm 이상입니다.

家族(かぞく)みんな170センチ以上(いじょう)あります。

가조꾸민나 햐꾸나나쥿센찌이죠– 아리마스

B : 부럽습니다.

うらやましいです。

우라야마시–데스

'키가 크다'를 일본어로는 背(せ)が高(たか)い라고 합니다. 高(たか)い는 높이가 높다는 뜻으로 사용되지만 사람이나 사물의 신장을 말할 때에도 관용적으로 사용됩니다.

단어

伸(の)びる 늘어나다, 자라다

高(たか)い 크다, 높다

みんな 모두, 전원

うらやましい 부러운

패턴 034

体重はいくつですか。

타이쥬-와 이쿠쯔데스까

'체중은 얼마입니까?'라는 뜻입니다. 상대방 또는 타인의 체중에 대해 질문할 때에 사용하는 표현입니다.

40キロです。

욘쥿키로데스

40kg입니다.

今55キロに近いです。

이마 고쥬-고키로니 찌까이데스

지금 55kg에 가깝습니다.

恥ずかしいので言いたくありません。

하즈까시-노데 이-따꾸 아리마셴

부끄러워서 말하고 싶지 않습니다.

TIP

일본어에서는 일정한 체중을 넘은 경우 超える라는 표현을 사용하며 그 뜻은 '~넘다' 또는 '초과하다'라는 의미로 사용됩니다.

관련표현

☑ 최근 살이 쪄서 체중이 늘었습니다.

最近(さいきん)太(ふと)って体重(たいじゅう)が増(ふ)えました。

사이낀 후똣떼 타이쥬-가 후에마시따

☑ 최근 살이 빠져서 체중이 줄었습니다.

最近(さいきん)痩(や)せて体重(たいじゅう)が減(へ)りました。

사이낀 야세떼 타이쥬-가 헤리마시다

☑ 체중을 5kg 빼고 싶습니다.

体重(たいじゅう)を5キロ落(お)としたいです。

타이쥬-오 고키로 오또시따이데스

☑ 체중이 80kg에 가깝습니다.

体重(たいじゅう)が80キロに近(ちか)いです。

타이쥬-가 하찌줏키로니 찌까이데스

단어

太(ふと)る 살찌다

痩(や)せる 살빠지다

体重(たいじゅう) 체중

落(お)とす 떨어뜨리다

체중이 '증가하다'는 増(ふ)える를 사용합니다. 반면 체중이 '감소하다'는 減(へ)る를 사용합니다. 이러한 표현은 주로 양의 증감을 나타냅니다.

대화문

A : 야마다 씨, 체중은 얼마입니까?
山田(やまだ)さん、体重(たいじゅう)はいくつですか。
야마다상 타이쥬–와 이쿠쯔데스까

B : 말하기 어렵지만 60kg에 가깝습니다.
言(い)いにくいですが60キロに近(ちか)いです。
이–니꾸이데스가 로꾸쥿키로니 찌까이데스

A : 저는 70kg을 넘으니까 저보다 말랐네요.
私(わたし)は70キロを超(こ)えるので私(わたし)より痩(や)せていますね。
와따시와 나나쥿키로오 고에루노데 와따시요리 야세떼 이마스네

B : 올해는 운동해서 55kg대로 줄이려고 생각합니다.
今年(ことし)は運動(うんどう)して55キロ台(だい)に落(お)とそうと思(おも)います。
고토시와 운도–시떼 고쥬–고키로다이니 오또소–또 오모이마스

A : 나도 다이어트를 해야지.
私(わたし)もダイエットしないと。
와따시모 다이엣또시나이또

B : 같이 운동하시죠.
一緒(いっしょ)に運動(うんどう)しましょう。
잇쇼니 운도–시마쇼–

단어

言(い)いにくい 말하기 어려운

ダイエット 다이어트

運動(うんどう) 운동

동사의 기본형과 함께 쓰는 ～にくい는 그 동사 의미에 '～할 수 없다' 또는 '～불가능하다'는 의미를 부드럽게 표현할 때에 사용됩니다.

패턴 035

今日(きょう)は何度(なんど)ですか。

코—와 난도데스까

'오늘은 몇 도입니까?'라는 뜻입니다. 상대방에게 기온을 물어볼 때에 사용하는 표현입니다. 특히 일기예보에 민감한 일본인들이 일상에서 자주 사용하는 표현입니다.

今日(きょう)の最高気温(さいこうきおん)は20度(ど)です。 오늘의 최고 기온은 20도입니다.

코—노 사이꼬— 기온와 니쥬—도데스

今日(きょう)の最低気温(さいていきおん)はマイナス5度(ど)でした。 오늘의 최저 기온은 -5도였습니다.

코—노 사이떼—기온와 마이나스고도데시다

日中(にっちゅう)は18度(ど)あると聞(き)きました。 낮 동안은 18도 정도라고 들었습니다.

닛츄—와 쥬—하찌도 아루또 끼끼마시다

TIP

일본어로 하루의 시간을 나타내는 표현은 다양합니다. 오전과 오후를 구분하는 말은 앞에서 소개해 드렸습니다만 해가 있는 동안을 나타내는 말은 日中(にっちゅう)를 쓰며 '낮 동안'이라는 뜻입니다.

관련표현

☑ 내일 최저 기온은 몇 도입니까?

明日(あした)の最低気温(さいていきおん)は何度(なんど)ですか。

아시따노 사이떼-기온와 난도데스까

☑ 어제 최고 기온은 몇 도였습니까?

昨日(きのう)の最高気温(さいこうきおん)は何度(なんど)でしたか。

기노-노 사이코-기온와 난도데시다까

☑ 올해는 작년의 평균 기온을 밑돌겠습니다.

今年(ことし)は去年(きょねん)の平均気温(へいきんきおん)を下回(したまわ)りました。

고토시와 쿄넨노 헤이낀키온오 시따마와리마시따

단어

最低(さいてい) 최저

気温(きおん) 기온

最高(さいこう) 최고

平均(へいきん) 평균

下回(したまわ)る 하회하다, 밑돌다

最高(さいこう)는 '최고'라는 뜻으로, 가장 높은 위치를 말하지만 기분을 나타낼 때에도 사용될 수 있습니다. 반면 最低(さいてい)는 가장 낮은 위치를 말할 때에 사용하며 이 또한 기분을 나타낼 때에도 사용됩니다.

대화문

A : 덥네요. 오늘은 몇 도인가요?

暑(あつ)いですね。今日(きょう)は何度(なんど)ですか。

아쯔이데스네 쿄-와 난도데스까

B : 최고 기온이 30도라고 들었습니다.

最高気温(さいこうきおん)が30度(ど)だと聞(き)きました。

사이코-키온가 산쥬-도다또 끼끼마시다

A : 아침부터 더워서 쓰러질 것 같습니다.

朝(あさ)から暑(あつ)かったのでバテそうです。

아사까라 아쯔캇따노데 바떼소-데스

B : 최저 기온도 25도였으니까요.

最低気温(さいていきおん)も25度(ど)でしたからね。

사이떼-기온모 니쥬-고도데시다까라네

A : 작년에도 이렇게 더웠던가?

去年(きょねん)もこんなに暑(あつ)かったかしら。

쿄넨모 곤나니 아쯔캇따까시라

B : 올해는 작년의 평균기온을 상회하는 듯하네요.

今年(ことし)は去年(きょねん)の平均気温(へいきんきおん)を上回(うわまわ)っているそうです。

고토시와 쿄넨노 헤이낀기온오 우와마왓떼 이루소-데스

단어

暑(あつ)い 더운

朝(あさ) 아침

バテそう 탈진할 듯, 쓰러질 듯

上回(うわまわ)る 상회하다

バテ는 バテる의 명사형입니다. バテる는 운동 등으로 체력을 소진하여 움직일 수도 없을 정도로 탈진한 상태를 말합니다. 따라서 '여름을 타다'는 夏(なつ)バテ라고 합니다.

ここからどのくらいかかりますか。

고꼬까라 도노구라이 가까리마스까

패턴 036

'여기서부터 얼마나 걸립니까?'라는 뜻입니다. 어떤 지점에서 목적지까지 시간이 어느 정도 걸리는지 질문하는 표현입니다. 주로 이동수단과 방법에 대한 내용이 함께 사용됩니다.

歩(ある)いて10分(ぷん)くらいです。 걸어서 10분 정도입니다.
아루이떼 쥿뿐구라이데스

車(くるま)で15分(ふん)かかります。 차로 15분 걸립니다.
구루마데 쥬-고훈 가까리마스

ここから20キロの距離(きょり)です。 여기서부터 20km 거리입니다.
고꼬까라 니쥿키로노 쿄리데스

TIP

~くらい는 '~ 정도'라는 뜻입니다. 정확한 내용보다는 대략적인 내용을 추정하여 표현할 때에 자주 사용됩니다.

관련표현

☑ 시청은 여기서부터 어느 정도입니까?

市役所(しやくしょ)はここからどのくらいですか。

시야꾸쇼-와 고꼬까라 도노쿠라이데스까

☑ 지하철을 타고 30분은 걸립니다.

地下鉄(ちかてつ)に乗(の)って30分(ぷん)はかかります。

치까테쯔니 놋떼 산쥿뿐와 가까리마스

☑ 여기서부터 500m 정도 걸어가세요.

ここから500メートルくらい歩(ある)いてください。

고꼬까라 고햐꾸메-또루구라이 아루이떼 구다사이

단어

市役所(しやくしょ) 시청

かかる (시간) 걸리다, 소요되다

歩(ある)く 걷다

'시청'은 일본어로 市役所(しやくしょ)라고 합니다. 흔히 사용하지 않는 표현이지만 市庁(しちょう)라고도 하나 '시장'을 말하는 市長(しちょう)와 동일한 발음이라는 것을 알아 두시기 바랍니다.

대화문

A : 영화관은 여기서부터 얼마나 걸립니까?

映画館(えいがかん)はここからどのくらいかかりますか。

에-가깐와 고꼬까라 도노구라이 가까리마스까

B : 걸어서 15분 정도입니다.

歩(ある)いて15分(ふん)くらいです。

아루이떼 쥬-고훈구라이데스

A : 여기서부터 택시를 타려고 생각합니다.

ここからタクシーに乗(の)ろうと思(おも)っています。

고꼬까라 타쿠시-니 노로-또 오못떼이마스

B : 택시를 타면 5분으로 도착합니다.

タクシーに乗(の)ったら5分(ふん)で着(つ)きますよ。

타쿠시-니 놋따라 고훈데 쯔끼마스요

A : 버스도 있네요.

バスもありますね。

바스모 아리마스네

B : 버스를 타면 3번째 정류장이에요.

バスに乗(の)ったら3つ目(め)の停留所(ていりゅうじょ)ですよ。

바스니 놋따라 밋쯔메노 테-류-죠데스요

단어

映画館(えいがかん) 영화관

タクシー 택시

乗(の)る (탈것을) 타다

着(つ)く 도착하다

~と思(おも)っています는 자신의 의견이나 생각을 단정하여 표현하기 보다는 부드럽게 전달하는 표현으로 '~라고 생각합니다'라는 뜻입니다.

패턴 037

何階(なんかい)にありますか。

난까이니 아리마스까

'몇 층에 있습니까?'라는 뜻입니다. 어떤 곳의 위치가 몇 층인지를 물어 볼 때에 사용하는 표현입니다.

5階(かい)にあります。
고까이니 아리마스

5층에 있습니다.

たぶん2階(かい)です。
다분 니까이데스

아마 2층입니다.

10階(かい)なのでエレベーターに乗(の)りましょう。
쥿까이나노데 에레베-타-니 노리마쇼-

10층이니까 엘리베이터를 탑시다.

TIP

건물의 층을 말할 때에는 숫자와 함께 階(かい)를 붙여서 사용합니다. 이때 階(かい)는 층에 따라서 발음이 변화합니다. '3층'은 3階(さんがい)로 발음이 변화한다는 것을 참고로 알아 두시기 바랍니다. 하지만 이 또한 최근은 혼용해서 사용하는 사람들도 많아지고 있습니다.

관련표현

☑ 신사복 판매장은 4층입니다.

紳士服売り場は4階です。

(しんしふくうりば … かい)

신시후꾸우리바와 욘까이데스

☑ 백화점 지하는 즐겁다.

デパ地下は楽しい。

(ちか … たの)

데파치까와 타노시-

☑ 에스컬레이터로 7층까지 올라간다.

エスカレーターで7階まで上がる。

(かい … あ)

에스까레-타-데 나나까이마데 아가루

단어

紳士服(しんしふく) 신사복, 양복

売り場(うりば) 판매점

階(かい) (건물의) 층

デパ地下(ちか) 백화점 지하(주로 백화점 지하식품코너를 의미)

エスカレーター 에스컬레이터

엘리베이터 또는 에스컬레이터처럼 어떤 위치가 올라가는 것을 上(あ)がる라고 하고 내려가는 것은 下(お)りる라고 표현하는 것을 알아 두시기 바랍니다.

대화문

A : 여성복 판매장은 몇 층에 있습니까?

女性服(じょせいふく)売(う)り場(ば)は何階(なんかい)にありますか。

죠세–후꾸우리바와 난까이니 아리마스까

B : 2층에 있습니다.

2階(かい)にございます。

니까이니 고자이마스

A : 먼저 3층 둘러볼까나.

先(さき)に3階(かい)見(み)てみようかしら。

사끼니 산까이 미떼 미요–까시라

B : 3층은 신사복입니다.

3階(がい)は紳士服(しんしふく)になります。

산까이와 신시후꾸니 나리마스

A : 그럼 3층에서 2층으로 가서 지하 1층에서 케이크를 사야지.

じゃ–3階(がい)から2階(かい)に行(い)って地下(ちか)1階(かい)でケーキを買(か)おう。

쟈– 산가이까라 니까이니 잇떼 치까잇까이데 케–키오 가오–

B : 천천히 둘러보십시오.

ごゆっくりどうぞ。

고윳꾸리도–조

단어

女性服(じょせいふく) 여성복

先(さき)に 우선, 먼저

ケーキ 케이크

ゆっくり 천천히

～かしら는 주로 일본 여성들이 사용하는 독백형 표현입니다. 어떤 동작이나 행동을 '～해 볼까' 하는 표현으로 주로 혼잣말로 사용합니다.

何割(なんわり)ですか。

난와리데스까

'몇 퍼센트입니까?'라는 뜻입니다. 주로 상점 등에서 물건을 구매할 때에 가격의 할인에 대해 질문하는 표현입니다.

今日(きょう)はセールで5割引(わりび)きです。 오늘은 세일로 50% 할인입니다.

쿄-와 세-루데 고와리비끼데스

9割方(わりかた)です。 90% 정도입니다.

큐-와리카따데스

7割引(わりび)きです。 70% 할인입니다.

나나와리비끼데스

TIP

위의 표현에서 사용된 ~割引(わりび)き는 '~프로 할인'이라는 뜻입니다. 引(び)き는 '빼기'라는 표현으로 할인율을 표현할 때에 자주 사용됩니다.

관련표현

☑ 소비세는 몇 퍼센트입니까?

消費税(しょうひぜい)は何割(なんわり)ですか。

쇼-히제-와 난와리데스까

☑ 물을 섞어서 마시겠습니다.

水割(みずわ)りを飲(の)みます。

미즈와리오 노미마스

☑ 야구의 타율은 몇 할 몇 푼 몇 리로 표시합니다.

野球(やきゅう)の打率(だりつ)は何割(なんわり)何分(なんぶん)何厘(なんりん)で表(あらわ)します。

야큐-노 다리쯔와 난와리난분난린데 아라와시마스

단어

消費税(しょうひぜい) 소비세

水割(みずわ)り 물을 섞음

野球(やきゅう) 야구

打率(だりつ) 타율

表(あらわ)す 나타내다, 표시하다

일본은 한국과는 달리 소비세를 직접세로 운영하고 있습니다. 일본에서 물건을 구매하면 영수증에 消費税(しょうひぜい)라고 소비세라는 표시를 볼 수 있으며 현재는 해당 물건 값의 8%를 소비세로 추가 지불해야 합니다.

대화문

A : 노트북은 사셨어요?

ノートパソコンは買(か)いましたか。

노-토파소콘와 가이마시다까

B : 네, 싼 것을 찾아서요.

はい。安(やす)いものが見(み)つかりましてね。

하이 야스이 모노가 미쯔까리마시떼네

A : 몇 프로입니까?

何割(なんわり)ですか。

난와리데스까

B : 인터넷에서 30프로 할인이었습니다.

ネットで3割引(わりび)きでした。

넷토데 산와리비끼데시다

A : 빠른 사람이 이겼네요.

早(はや)いもの勝(か)ちですね。

하야이 모노 가찌데스네

B : 인터넷에서는 싸게 살 수 있으니까요.

ネットでは安(やす)く買(か)えますからね。

넷토데와 야스꾸 가에마스까라네

단어

安(やす)い 싼

早(はや)い 빠른

ネット는 インターネット의 줄임말로서 '인터넷' 또는 '온라인'을 의미합니다. 현재는 주로 '온라인' 공간을 가리키는 경우가 많습니다.

패턴
039

どのくらい広(ひろ)いですか。

도노구라이 히로이데스까

'어느 정도 넓나요?'라는 뜻입니다. 방이나 건물의 면적을 질문할 때에 사용하는 표현으로 대상물의 넓이를 의미합니다.

東京(とうきょう)ドーム3個分(こぶん)だそうです。
도-쿄-도-무 산꼬분다소-데스

도쿄돔 3개 크기 정도인 것 같습니다.

東京(とうきょう)で2番目(ばんめ)に広(ひろ)いところです。
도-쿄-데 니방메니 히로이 도꼬로데스

도쿄에서 두 번째로 넓은 곳입니다.

サッカー場(じょう)と同(おな)じくらいです。
삿까-죠-또 오나지구라이데스

축구장과 비슷한 정도입니다.

TIP

일본에서는 전통적으로 방의 크기를 말할 때에 한국에서도 잘 알려져 있는 속에 짚을 넣은 돗자리인 일본 전통의 바닥재인 畳(たたみ)의 개수로 표현합니다. 다다미는 통상 공통적인 사이즈(180X90)로 제작되므로 일본인이라면 누구든지 그 크기를 짐작할 수 있습니다.

관련표현

☑ 넓이는 어느 정도입니까?

広(ひろ)さはどれくらいですか。

히로사와 도레구라이데스까

☑ 면적은 어느 정도입니까?

面積(めんせき)はどのくらいですか。

멘세끼와 도노구라이데스까

☑ 테니스코트 정도 넓습니다.

テニスコートほど広(ひろ)いです。

테니스코-토호도 히로이데스

☑ 넓이를 잰다.

広(ひろ)さを測(はか)る。

히로사오 하까루

단어

広(ひろ)さ 넓이

面積(めんせき) 면적

テニスコート 테니스 코트

測(はか)る 재다, 측정하다

일상생활에서 면적을 표현할 때 ~ほど広(ひろ)い를 사용합니다. 이는 '~ 정도 넓다'라는 뜻으로 듣는 사람이 충분히 이해할 수 있는 사물이나 대상을 넣어서 사용합니다.

대화문

A : 다음 달 넓은 곳으로 이사 갑니다.

来月広いところに引っ越します。

라이게쯔 히로이 도꼬로니 힛꼬시마스

B : 어느 정도 넓나요?

どのくらい広いですか。

도노구라이 히로이데스까

A : 방이 3개고 거실이 넓어요.

部屋が3つでリビングが広いんです。

헤야가 밋쯔데 리빙구가 히로인데스

B : 꽤 넓군요.

ずいぶん広いですね。

즈이분 히로이데스네

A : 작은 마당도 있어요.

小さな庭もあります。

치-사나 니와모 아리마스

B : 그거 기대되시겠네요.

それは楽しみですね。

소레와 다노시미데스네

단어

引っ越す 이사하다

部屋 방

リビング 거실

庭 정원

楽しみ 즐거움, 기다림

楽しみ는 '즐거움'이라는 뜻입니다. 어떤 기대감을 가지는 상황에서 사용되며, 약속 후에 ~楽しみにしています라고 하면 '~ 기대하겠습니다'라는 뜻입니다. 예의 있는 표현입니다.

どのくらい厚(あつ)いですか。

도노구라이 아쯔이데스까

패턴 040

'얼마나 두껍나요?'라는 뜻입니다. 어떤 물건이나 대상의 두께를 물어볼 때에 사용하는 표현입니다.

厚(あつ)みが5センチ以上(いじょう)あります。 **두께가 5cm 이상 있습니다.**

아쯔미가 고센찌이죠– 아리마스

厚(あつ)いと言(い)っても1センチくらいですかね。 **두껍다고 해도 1cm 정도일까요.**

아쯔이또 잇떼모 잇센찌구라이데스까네

厚(あつ)さを測(はか)ってみましょう。 **두께를 재어 봅시다.**

아쯔사오 하깟떼미마쇼

TIP

위의 표현 중 ~と言(い)っても는 '~라고 말하더라도'라는 뜻으로, '~보다는 못 미치거나 기껏해야 '~ 정도'라는 의미로 사용되는 표현입니다.

관련표현

☑ 두꺼운 참고서로 공부하다.

分厚(ぶあつ)い参考書(さんこうしょ)で勉強(べんきょう)する。

부아쯔이 산코-쇼데 벤쿄-스루

☑ 그는 정이 두터운 사람입니다.

彼(かれ)は人情(にんじょう)の厚(あつ)い人(ひと)です。

가레와 닌죠-노 아쯔이 히또데스

☑ 화장이 두껍다.

化粧(けしょう)が厚(あつ)い。

케쇼-가 아쯔이

☑ 정성 가득한 간호를 받다.

手厚(てあつ)い看護(かんご)を受(う)ける。

테아쯔이 칸고오 우케루

단어

厚(あつ)い 두꺼운

参考書(さんこうしょ) 참고서

勉強(べんきょう)する 공부하다

人情(にんじょう) 인정

化粧(けしょう) 화장

看護(かんご) 간호

手厚(てあつ)い는 한국어로 '정성껏'이라는 의미입니다. 주로 마음을 담아서 손을 사용하는 노동 등을 말할 때에 사용하는 표현입니다.

대화문

A : 어제 햄버그를 먹으러 갔습니다.

昨日(きのう)ハンバーグを食(た)べに行(い)きました。

기노– 한바–구오 타베니 이끼마시다

B : 맛있었습니까?

おいしかったですか。

오이시깟따데스까

A : 고기가 무척 두껍고 맛있었습니다.

肉(にく)がとても厚(あつ)くておいしかったです。

니꾸가 도떼모 아쯔꾸떼 오이시깟따데스

B : 어느 정도로 두껍나요?

どのくらい厚(あつ)いですか。

도노구라이 아쯔이데스까

A : 2cm 정도였다고 생각해요.

2センチはあったと思(おも)います。

니센찌와 앗따또 오모이마스

B : 저도 다음에 데려가 주세요.

私(わたし)も今度(こんど)連(つ)れて行(い)ってください。

와따시모 곤도 쯔레떼 잇떼 구다사이

단어

ハンバーグ 햄버거

食(た)べに行(い)く 먹으러 가다

肉(にく) 고기, 육고기

今度(こんど) 다음에

連(つ)れていく 데리고 가다

ハンバーグ는 햄버거 스테이크입니다. 패스트푸드점의 햄버거는 ハンバーガー라고 합니다.

복습하기 [패턴 031-040] 단위

★ 031 몇 살입니까?

いくつですか。

이꾸쯔데스까

★ 032 얼마나 오래되었습니까?

どのくらい長(なが)いですか。

도노쿠라이 나가이데스까

★ 033 키는 얼마입니까?

身長(しんちょう)はいくつですか。

신쬬–와 이꾸쯔데스까

★ 034 체중은 얼마입니까?

体重(だいじゅう)はいくつですか。

타이쥬–와 이쿠쯔데스까

★ 035 오늘은 몇 도입니까?

今日(きょう)は何度(なんど)ですか。

쿄–와 난도데스까

★ 036 여기서부터 얼마나 걸립니까?

ここからどのくらいかかりますか。

고꼬까라 도노구라이 가까리마스까

★ 037 몇 층에 있습니까?

何階(なんかい)にありますか。

난까이니 아리마스까

★ 038 몇 퍼센트입니까?

何割(なんわり)ですか。

난와리데스까

★ 039 어느 정도 넓나요?

どのくらい広(ひろ)いですか。

도노구라이 히로이데스까

★ 040 얼마나 두껍나요?

どのくらい厚(あつ)いですか。

도노구라이 아쯔이데스까

Part 05

만남

패턴 041

遊(あそ)びに行(い)きませんか。

아소비니 이끼마센까

'놀러 가지 않을래요?'라는 뜻입니다. 상대방에게 약속을 제안하거나 함께 놀러 가자는 제안을 할 때에 사용하는 표현입니다.

行(い)きたいです。 **가고 싶습니다.**

이끼따이데스

先約(せんやく)があります。 **선약이 있습니다.**

센야꾸가 아리마스

どこに行(い)くんですか。 **어디로 갑니까?**

도꼬니 이꾼데스까

TIP

遊(あそ)び는 보통은 '놀이'라는 뜻이지만, 일반적으로는 함께 시간을 보내는 활동들을 통틀어 표현합니다. 통상 상대방에게 함께 시간을 보낼 것을 권할 때에 사용합니다.

관련표현

☑ 지금까지 예정은 없습니다.

今(いま)のところ予定(よてい)はありません。

이마노 도꼬로 요떼-와 아리마센

☑ 약속이 있습니다.

約束(やくそく)があります。

야꾸소꾸가 아리마스

☑ 어디든지 가고 싶습니다.

どこにでも行(い)きたいです。

도꼬니데모 이끼따이데스

☑ 놀러 가고 싶었었습니다.

遊(あそ)びに行(い)きたかったです。

아소비니 이끼따깟따데스

단어

予定(よてい) 예정

約束(やくそく) 약속

どこにでも 어디든지

遊(あそ)び 놀이, 게임

현재까지의 일정을 확인할 때에 사용하는 표현인 今(いま)のところ는 '아직까지는…'이라는 뜻으로 사용됩니다. 주로 일정을 조정할 때나 약속에 대한 현재의 상황을 전달하고자 하는 경우에 사용합니다.

대화문

A : 다음 주 토요일 놀러 가지 않을래요?

来週(らいしゅう)の土曜日(どようび)、遊(あそ)びに行(い)きませんか。

라이슈–노 도요–비 아소비니 이끼마센까

B : 지금까지는 괜찮습니다.

今(いま)のところ大丈夫(だいじょうぶ)です。

이마노 도꼬로 다이죠–부데스

A : 같이 디즈니랜드에 가시죠.

一緒(いっしょ)にディズニーランドに行(い)きましょう。

잇쇼니 디즈니–란도니 이끼마쇼–

B : 디즈니랜드는 비용이 비싸요.

ディズニーランドは料金(りょうきん)が高(たか)いですよ。

디즈니–란도와 료–낑가 다까이데스요

A : 아버지가 입장권 2장을 주셨어요.

父(ちち)が入場券(にゅうじょうけん)を2枚(まい)くれたんです。

치치가 뉴–죠–켄오 니마이꾸레딴데스

B : 그렇다면 사양 않고 가겠습니다.

それじゃ–遠慮(えんりょ)なく行(い)かせてもらいます。

소레쟈– 엔료나꾸 이까세떼 모라이마스

遠慮(えんりょ)なく는 '사양하지 않고'라는 뜻입니다. 이는 일본어의 관용적인 표현으로 상대방을 배려하여 사양하는 것을 말합니다.

단어

来週(らいしゅう) 다음 주

今(いま)のところ 지금까지, 현재까지

ディズニーランド 디즈니랜드

料金(りょうきん) 요금

入場券(にゅうじょうけん) 입장권

遠慮(えんりょ)なく 망설이지 않고, 주저없이

패턴 042

どこで会(あ)いますか。

도꼬데 아이마스까

'어디서 만날까요?'라는 뜻입니다. 상대방에게 만날 장소에 대해 질문하는 표현입니다. 구체적인 장소를 질문하는 방법으로 자주 사용하는 표현 방법을 잘 익혀서 사용해 보시기 바랍니다.

どこでもいいですよ。　　**어디든지 좋아요.**

도꼬데모 이-데스요

水族館(すいぞくかん)で会(あ)いましょう。　　**수족관에서 만나요.**

수이조꾸깐데 아이마쇼-

東京駅(とうきょうえき)の前(まえ)はどうですか。　　**도쿄역 앞은 어떻습니까?**

도-꾜-에끼노 마에와 도-데스까

TIP

~どうですか는 자신의 제안 또는 생각에 대해 상대방에게 의견을 구할 때에 사용하는 표현입니다. 그 뜻은 '~ 어떻습니까?'입니다.

관련표현

☑ 어디에서 만나는 것이 좋다고 생각합니까?

どこで会(あ)うのがいいと思(おも)いますか。

도꼬데 아우노가 이-또 오모이마스까

☑ 어디가 가장 편하시겠습니까?

どこが一番(いちばん)都合(つごう)がいいですか。

도꼬가 이찌방 쯔고-가 이-데스까

☑ 그곳은 사람이 많아서 좀..

あそこは人(ひと)が混(こ)み合(あ)うのでちょっと。

아소꼬와 히또가 코미아우노데 촛또

☑ 당일에 만납시다.

当日(とうじつ)お会(あ)いしましょう。

도-지쯔 오아이시마쇼-

일본인들은 자신의 의견을 직접적으로 말하기보다는 상대방의 의견을 구하는 표현을 자주 사용합니다. 위의 예문의 いいと思(おも)いますか는 '좋다고 생각하십니까'라는 뜻입니다.

단어

混(こ)み合(あ)う 붐비다, 혼잡하다

当日(とうじつ) 당일

대화문

A : 미야노 씨 일요일에 어디서 만날까요?

宮野(みやの)さん、日曜日(にちようび)どこで会(あ)いますか。

미야노상 니찌요–비 도꼬데 아이마스까

B : 시부야역 앞은 어떤가요?

渋谷駅(しぶやえき)の前(まえ)はどうですか。

시부야에끼노 마에와 도–데스까

A : 거기는 사람이 많아서 좀..

あそこは人(ひと)が多(おお)くてちょっと。

아소꼬와 히또가 오–꾸떼 춋또

B : 그렇다면 시부야역 옆에 있는 스타벅스 앞은 어떤가요?

それでは、渋谷駅(しぶやえき)の隣(となり)にあるスタバの前(まえ)はどうですか。

소레데와 시부야에끼노 도나리니 아루 스타바노 마에와 도–데스까

A : 좋네요.

いいですね。

이–데스네

B : 그럼 일요일에 만나요.

では、日曜日(にちようび)に会(あ)いましょう。

데와 니찌요–비니 아이마쇼–

단어

あそこ 그곳, 그쪽

隣(となり) 옆, 근처

スタバ 스타벅스 커피점

スタバ는 우리에게 잘 알려진 '스타벅스 커피전문점'을 말하는 것으로 원래 발음인 **スターバックス**를 줄여서 부르는 것입니다.

패턴
043

どこに行(い)きましょうか。

도꼬니 이끼마쇼–까

'어디로 갈까요?'라는 뜻입니다. 상대방에게 가는 장소나 목적지를 질문할 때 사용하는 표현입니다.

田中(たなか)さんにお任(まか)せします。
다나까상니 오마까세시마스

다나카 씨에게 맡기겠습니다.

ゆっくり話(はな)せるところに行(い)きたいです。
윳꾸리 하나세루토꼬로니 이끼따이데스

느긋하게 대화할 수 있는 곳으로 가고 싶습니다.

ネットで探(さが)してみます。
넷또데 사가시떼 미마스

인터넷으로 찾아볼게요.

TIP

ネット는 인터넷을 의미하는 것으로 インターネット의 줄임말입니다. 일본에서는 인터넷 온라인 쇼핑을 줄여서 ネット・ショッピング라고 합니다.

관련표현

☑ 근처에서 찾아봅시다.

近場(ちかば)で探(さが)しましょう。

치까바데 사가시마쇼-

☑ 커피의 향기가 감돈다.

コーヒーの香(かお)りが漂(ただよ)う。

고-히-노 가오리가 다다요우

☑ 카운타 바로 앞에 앉읍시다.

カウンターの手前(てまえ)に座(すわ)りましょう。

키운타-노 테마에니 스와리마쇼-

☑ 어디로 가면 좋을까요?

どこに行(い)ったらいいと思(おも)いますか。

도꼬니 잇따라 이-또 오모이마스까

단어

近場(ちかば) 근처, 주변

コーヒー 커피

香(かお)り 향기

漂(ただよ)う 떠돌다, 감돌다

カウンター 카운터

手前(てまえ) 가까운 쪽

座(すわ)る 앉다

가까운 곳이라는 표현을 사용할 때에 手前(てまえ)라는 표현을 자주 사용합니다. 이는 자신 또는 대상을 기준으로 가까운 쪽을 의미합니다.

대화문

A : 조금 쉬었다 가지 않겠습니까?

少(すこ)し休(やす)んでいきませんか。

스꼬시 야순데 이끼마센까

B : 그래요. 어디로 갈까요?

そうですね。どこに行(い)きましょうか。

소–데스네 도꼬니 이끼마쇼–까

A : 근처에 새로운 커피숍이 생겼어요.

近(ちか)くに新(あたら)しいコーヒーショップができたんです。

찌까꾸니 아따라시– 고–히–숏뿌가 데끼딴데스

B : 커피의 좋은 향기가 나기 시작하네요.

コーヒーのいい香(かお)りがしてきましたね。

고–히–노 이– 가오리가 시떼끼마시다네

A : 어디에 앉아요?

どこに座(すわ)りますか。

도꼬니 스와리마스까

B : 안쪽에 앉읍시다.

奥(おく)の方(ほう)に座(すわ)りましょう。

오꾸노 호–니 스와리마쇼–

단어

休(やす)む 쉬다, 휴식하다

コーヒーショップ 커피숍

奥(おく)の方(ほう) 안쪽

香(かお)り와 匂(にお)い는 모두 '냄새'를 의미하지만 香(かお)り는 보다 아름답고 향기로운 냄새이며 匂(にお)い는 통상적인 뜻으로 사용합니다. 참고로 발음은 같고 한자는 다른 臭(にお)い는 불쾌한 냄새를 말합니다.

패턴 044

今(いま)どこですか。

이마 도꼬데스까

'지금 어디인가요?'라는 뜻입니다. 상대방에게 현재 있는 장소를 질문할 때 사용하는 표현입니다.

家(いえ)です。 집입니다.
이에데스

電車(でんしゃ)の中(なか)にいます。 전철 안에 있습니다.
덴샤노 나까니 이마스

デパートの前(まえ)です。 백화점 앞입니다.
데파–또노 마에데스

TIP

일본에서는 대부분 근거리를 운행하는 기차의 개념인 '전차(電車(でんしゃ))'는 JR이라고도 말하며 지하철은 地下鉄(ちかてつ)로 표현함을 알아 두시고 일본지역에서 표시되는 전차와 지하철의 개념을 잘 구분해서 사용하시기 바랍니다.

관련표현

☑ 지금 어디쯤인가요?

今(いま)どの辺(へん)ですか。

이마 도노 헨데스까

☑ 어디까지 왔습니까?

どこまで来(き)ましたか。

도꼬마데 끼마시다까

☑ 약속 시간을 지키겠습니다.

約束(やくそく)の時間(じかん)を守(まも)ります。

야꾸소꾸노 지깐오 마모리마스

☑ 곧 도착합니다.

間(ま)もなく到着(とうちゃく)します。

마모나꾸 도-챠꾸시마스

단어

どの辺(へん) 어디쯤, 어디 주변

守(まも)る 지키다, 엄수하다

間(ま)もなく 곧, 금방

到着(とうちゃく) 도착

대화 중 정확한 지점을 말하기 곤란한 상황에서 위치를 말할 때는 위치를 나타내는 말에 辺(へん)을 붙여서 사용합니다. 이는 '~ 주변' 또는 '~ 근처'라는 뜻입니다.

대화문

A : 스즈키 씨, 지금 어디인가요?

鈴木(すずき)さん、今(いま)どこですか。

스즈끼상 이마 도꼬데스까

B : 조금 있으면 약속한 장소에 도착합니다.

もう少(すこ)しで約束(やくそく)の場所(ばしょ)に着(つ)きます。

모– 스꼬시데 야꾸소꾸노 바쇼니 쯔끼마스

A : 저는 약속 시간에 조금 늦을 것 같습니다.

私(わたし)は約束(やくそく)の時間(じかん)に少(すこ)し遅(おく)れそうです。

와따시와 야꾸소꾸노 지깐니 스꼬시 오꾸레소–데스

B : 스기타 씨는 지금 어디인가요?

杉田(すぎた)さんは今(いま)どこですか。

스기타상와 이마 도꼬데스까

A : 지금 버스 안에 있습니다.

今(いま)バスの中(なか)にいます。

이마 바스노 나까니 이마스

B : 조심해서 오세요.

気(き)を付(つ)けて来(き)てください。

키오 쯔께떼 끼떼 구다사이

단어

着(つ)く 도착하다

遅(おく)れる 늦어지다, 더디다

気(き)を付(つ)けて～는 '조심해서 ～'라는 뜻입니다. 어떤 행동에 대해서 '조심하라, 주의하라'는 뜻이지만 헤어질 때 인사로 사용하기도 합니다.

패턴
045

門限(もんげん)はありますか。

몬겐와 아리마스까

'통금시간이 있나요?'라는 뜻입니다. 門限(もんげん)은 '폐문시간'이나 '통행금지 시간'을 뜻하는 말로 시간을 정하여 귀가해야 되는 상황을 말하는 것입니다. 흔히 사용하는 표현은 아니지만 일본어의 관용적인 표현입니다.

夜(よる)の8時(じ)です。

요루노 하찌지데스

밤 8시입니다.

特(とく)にありません。

토꾸니 아리마센

특별히 없습니다.

あるようでないのが門限(もんげん)です。

아루요–데 나이노가 몬겐데스

있는 듯 없는 게 통금 시간입니다.

TIP

あるようでない는 '있는 듯이 없는'이라는 뜻으로 실질적으로는 없다는 뜻입니다. 일본어의 회화에서 자주 사용되는 표현입니다.

관련표현

☑ 기숙사에 통금 시간이 있다.

寄宿舎(きしゅくしゃ)に門限(もんげん)がある。

기슈꾸샤니 몬겐가 아루

☑ 통금 시간이 정해져 있다.

門限(もんげん)が決(き)まっている。

몬겐가 키맛떼 이루

☑ 학교 기숙사는 통금 시간이 엄격하다.

学生寮(がくせいりょう)は門限(もんげん)が厳(きび)しい。

가꾸세-료-와 몬겐가 키비시-

☑ 통금 시간이 있어서 힘듭니다.

門限(もんげん)があって大変(たいへん)です。

몬겐가 앗떼 타이헨데스

단어

門限(もんげん) 통금 시간

寄宿舎(きしゅくしゃ) 기숙사

学生(がくせい) 학생

寮(りょう) 숙소

厳(きび)しい 엄격한

大変(たいへん)은 어떤 일이나 상황이 힘들거나 곤란한 것을 말 할 때에 사용하는 표현입니다. 일상생활에서 아주 빈번하게 사용되는 표현이므로 관련 표현방법을 잘 익혀서 사용해 보시기 바랍니다.

대화문

A : 저는 지금 기숙사에서 생활하고 있습니다.

私(わたし)は今(いま)、寮(りょう)で生活(せいかつ)しています。

와따시와 이마 료-데 세-까쯔시떼 이마스

B : 기숙사에는 통금 시간이 있습니까?

寮(りょう)に門限(もんげん)はありますか。

료-니 몬겐와 아리마스까

A : 밤 9시입니다.

夜(よる)9時(じ)です。

요루 구지데스

B : 빠르네요.

早(はや)いですね。

하야이데스네

A : 통금 시간을 지키지 않으면 학교 성적에 영향이 있어요.

門限(もんげん)を守(まも)らないと学校(がっこう)の成績(せいせき)に響(ひび)くんです。

몬겐오 마모라나이또 갓꼬-노 세-세끼니 히비꾼데스

B : 그런 편이 부모님도 안심되겠네요.

その方(ほう)がご両親(りょうしん)も安心(あんしん)でしょうね。

소노호-가 고료-신모 안신데쇼-네

단어

生活(せいかつ) 생활

守(まも)る 지키다, 엄수하다

成績(せいせき) 성적

響(ひび)く 울리다, 영향을 주다

安心(あんしん) 안심

寄宿舎(きしゅくしゃ)는 일반적인 학생 기숙사 등과 같이 단체 생활을 하는 합숙소이며 寮(りょう)는 회사 등에서 제공하는 숙소입니다.

時間(じかん)は大丈夫(だいじょうぶ)ですか。

지깐와 다이죠-부데스까

패턴 046

'시간은 괜찮으세요?'라는 뜻입니다. 상대방에게 시간적인 여유가 있는지를 물어볼 때 사용하는 표현입니다. 특히 상대방에게 폐를 끼치기 꺼려하는 일본인들이 일상에서 자주 사용하는 표현입니다.

大丈夫(だいじょうぶ)ですよ。
다이죠-부데스요
괜찮아요.

あまり遅(おそ)くならなければ大丈夫(だいじょうぶ)です。
아마리 오소꾸 나라나께레바 다이죠-부데스
너무 늦지 않는다면 괜찮아요.

今日(きょう)はちょっと難(むずか)しいです。
쿄-와 춋또 무즈까시-데스
오늘은 좀 어렵습니다.

TIP

일본어 회화에서 가장 많이 듣고 가장 많이 사용하는 표현 중의 하나인 大丈夫(だいじょうぶ)는 '괜찮다' 또는 '문제없다'라는 의미를 가지고 있습니다. 회화에서 가장 많이 쓰이면서도 가장 포괄적인 의미를 가지고 있습니다.

관련표현

☑ 시간 괜찮습니까?

お時間(じかん)よろしいですか。

오지깐 요로시-데스까

☑ 그 일정으로 괜찮습니까?

その日程(にってい)で大丈夫(だいじょうぶ)ですか。

소노 닛떼-데 다이죠-부데스까

☑ 시간 괜찮으시겠습니까?

お時間(じかん)いただけますか。

오지깐 이따다께마스까

☑ 내일이라면 시간 비어 있습니다.

明日(あした)なら時間(じかん)空(あ)いてます。

아시따나라 지깐 아이떼마스

お時間(じかん)いただけますか는 상대방에게 '시간을 내어 달라'고 요청하거나 '시간 괜찮은지' 묻는 매우 격식 있는 표현입니다.

단어

日程(にってい) 일정

空(あ)く 비다, 들어 있지 않다

대화문

A : 다나카 씨, 차 마시지 않겠습니까?

田中(たなか)さん、お茶(ちゃ)しませんか。

다나까상 오챠시마센까

B : 스즈키 씨, 시간은 괜찮으세요?

鈴木(すずき)さん、時間(じかん)は大丈夫(だいじょうぶ)ですか。

스즈끼상 지깐와 다이죠-부데스까

A : 지금이라면 시간 괜찮습니다.

今(いま)なら時間(じかん)取(と)れます。

이마나라 지깐 도레마스

B : 그렇다면 가볍게 식사합시다.

だったら軽(かる)く食事(しょくじ)しましょうよ。

닷따라 가루꾸 쇼꾸지시마쇼-요

A : 좋네요.

いいですね。

이-데스네

B : 시간이 되는 대로 즐겁게 보냅시다.

時間(じかん)の許(ゆる)す限(かぎ)り楽(たの)しく過(す)ごしましょう。

지깐노 유루수카기리 다노시꾸 스고시마쇼-

단어

お茶(ちゃ)する 차를 마시다

軽(かる)く 가볍게

食事(しょくじ)する 식사하다

許(ゆる)す 허락하다

限(かぎ)り ~한하여, ~뿐

~限(かぎ)り는 동사의 기본형과 함께 사용하여 동사의 행위를 '~하는 한'이라는 의미입니다. 어떤 행동의 한정적인 의미를 포함하고 있습니다.

패턴 047

話(はな)したいことは何(なん)ですか。

하나시따이 고또와 난데스까

'이야기하고 싶은 것이 무엇입니까?'라는 뜻입니다. 상대방이 나에게 이야기하고 싶은 것이 무엇인지를 물어볼 때에 사용하는 표현입니다.

友達(ともだち)のことでちょっと。
도모다찌노 고또데 춋또

친구 일로 좀..

就職(しゅうしょく)のことで話(はなし)があります。
슈-쇼꾸노 고또데 하나시가 아리마스

취업에 대한 일로 이야기 나누고 싶습니다.

たくさんあって、何(なに)から話(はな)そうかしら。
다꾸상 앗떼 나니까라 하나소-까시라

많이 있어서 뭐부터 말할까나.

TIP

일본어에서 상대방에게 '잠시만'이라는 양해를 구할 때에 쓰는 표현으로 ちょっと를 사용하지만 위의 예문과 같이 쉽게 말을 꺼내지 못하는 상황에서는 '좀' 또는 '약간'이라는 뜻으로도 사용됩니다.

관련표현

☑ 용건은 뭡니까?

用件(ようけん)は何(なん)ですか。

요-켄와 난데스까

☑ 말하고 싶은 것이 많이 있습니다.

話(はな)したいことがたくさんあります。

하나시따이 고또가 다꾸상 아리마스

☑ 물어보고 싶은 것은 무엇입니까?

聞(き)きたいことは何(なん)ですか。

끼끼따이 고또와 난데스까

☑ 말하고 싶은 것은 무엇입니까?

言(い)いたいことは何(なん)ですか。

이-따이 고또와 난데스까

話(はな)したいこと는 '말하고 싶은 것'이라는 뜻입니다. ~たいこと는 동사와 함께 사용하여 '~하고 싶은 것'으로 사용됩니다.

단어

用件(ようけん) 용건

대화문

A : 어제 부재중 전화에 메시지가 들어와 있었는데요…

昨日(きのう)留守電(るすでん)にメッセージが入(はい)ってましたけど…

기노– 루수덴니 멧세–지가 하잇떼마시따께도…

B : 네, 이야기하고 싶어서 전화했습니다.

ええ、話(はなし)がしたくて電話(でんわ)しました。

에– 하나시가 시따꾸떼 뎅와시마시다

A : 이야기하고 싶은 것이 뭔가요?

話(はな)したいことは何(なん)ですか。

하나시따이 고또와 난데스까

B : 일로 트러블이 있었습니다.

仕事(しごと)でトラブルがあったんです。

시고또데 토라브루가 앗딴데스

A : 힘들었겠네요.

大変(たいへん)でしたね。

다이헨데시다네

B : 그게 오늘 해결되었어요.

それが今日(きょう)解決(かいけつ)しました。

소레가 쿄– 가이께쯔시마시다

단어

留守電(るすでん) 부재중 전화

メッセージ 메시지

仕事(しごと) 일, 작업

トラブル 트러블, 문제

解決(かいけつ) 해결

ええ는 '네'라고 대답할 때 쓰는 표현입니다. 통상적으로 격식을 갖춘 표현은 はい지만 약간의 격식을 갖춘 표현은 ええ입니다. 편안한 사이에서는 うん이라는 표현도 사용합니다.

誰と会いますか。

다레또 아이마스까

패턴 048

'누구와 만나나요?'라는 뜻입니다. 상대방에게 누구를 만나는지 물어볼 때 사용하는 표현입니다.

家族と会います。
가조꾸또 아이마스
가족과 만납니다.

学生時代の親友に会います。
가꾸세-지다이노 신유-니 아이마스
학창 시절의 친구를 만납니다.

会社の同僚に会います。
가이샤노 도-료니 아이마스
회사 동료를 만납니다.

TIP

~時代는 한국어로 '~ 시절'이라는 뜻입니다. 한국어 표현과는 달리 시기를 나타낼 수 있는 명사와 함께 사용하여 시간을 표현할 때에 사용할 수 있습니다.

관련표현

☑ 누구와 만납니까?

誰(だれ)に会(あ)いますか。

다레니 아이마스까

☑ 누군가와 만났습니까?

誰(だれ)かに会(あ)いましたか。

다레까니 아이마시따까

☑ 누구와 만날 예정입니까?

誰(だれ)に会(あ)う予定(よてい)ですか。

다레니 아우 요떼-데스까

☑ 누구와도 만나지 못했습니다.

誰(だれ)とも会(あ)いませんでした。

다레또모 아이마센데시다

일본어로 불특정한 사람인 '누구'라는 표현은 誰(だれ)를 사용합니다. 일반적인 표현인 誰(だれ)와 함께 존칭형인 何方(どなた)도 자주 사용되며 '어느 분'이라는 뜻입니다.

단어

誰(だれ) 누구

대화문

A : 이번 일요일 누구와 만납니까?

今度(こんど)の日曜日(にちようび)、誰(だれ)と会(あ)いますか。

곤도노 니찌요-비 다레또 아이마스까

B : 소꿉친구를 만납니다.

幼(おさな)なじみに会(あ)います。

오사나나지미니 아이마스

A : 몇 년 만이세요?

何年(なんねん)ぶりですか。

난넨부리데스까

B : 15년 만이네요.

15年(ねん)ぶりですね。

쥬-고넨부리데스네

A : 꽤나 오래되었네요.

ずいぶん経(た)つんですね。

즈이분 다쯘데스네

B : 어쨌든 유치원 때의 친구였으니까요.

何(なに)しろ幼稚園(ようちえん)の頃(ころ)の友達(ともだち)ですから。

나니시로 요-찌엔노 고로노 도모다찌데스까라

단어

幼(おさな)なじみ 소꿉친구, 죽마고우

経(た)つ 경과하다

何(なに)しろ 어쨌든

幼稚園(ようちえん) 유치원

시간이나 시간의 경과를 나타내는 말에 ～ぶり를 함께 사용하면 '～ 만에'라는 뜻이 됩니다. 예문에서 나타나듯이 15年(ねん)ぶり와 같이 사용됩니다.

패턴
049

連(つ)れて行(い)ってもいいですか。

쯔레떼 잇떼모 이-데스까

'데리고 가도 되나요?'라는 뜻입니다. 상대방에게 어떤 장소나 상황에 동반자가 참석이 가능한지를 확인할 때에 사용하는 표현입니다.

構(かま)いませんよ。 **상관없어요.**
가마이마센요

全然平気(ぜんぜんへいき)です。 **전혀 문제없어요.**
젠젠 헤-끼데스

連(つ)れてくるのはお断(ことわ)りします。 **데리고 오는 것은 거절하겠습니다.**
쯔레떼 쿠루노와 오고또와리시마스

TIP

공원이나 식당과 같이 대중이 함께 이용하는 시설 등의 안내문에 お断(ことわ)り라는 표현을 자주 볼 수 있습니다. 이는 출입자 또는 이용자들에게 주의 사항을 알려 주는 내용으로, 반드시 주의 깊게 내용을 확인하시고 이용하시기 바랍니다.

관련표현

☑ 따라가도 되나요?

ついて行(い)ってもいいですか。

쯔이떼 잇떼모 이-데스까

☑ 데리고 와도 되나요?

連(つ)れてきてもいいですか。

쯔레떼 끼떼모 이-데스까

☑ 전혀 괜찮아요.

全然(ぜんぜん)大丈夫(だいじょうぶ)ですよ。

젠젠 다이죠-부데스요

☑ 그만두는 편이 낫다고 생각합니다.

やめた方(ほう)がいいと思(おも)います。

야메따 호-가 이-또 오모이마스

단어

連(つ)れてくる 데려오다

全然(ぜんぜん) 전혀, 전연

方(ほう) 쪽, 방향

동사의 과거형과 함께 사용하는 ~方(ほう)がいい는 '~하는 편이 낫다'라는 관용적인 표현입니다.

대화문

A : 가게에 개를 데리고 가도 되나요?

お店(みせ)に犬(いぬ)を連(つ)れて行(い)ってもいいですか。

오미세니 이누오 쯔레떼 잇떼모 이-데스까

B : 애완동물과 함께 들어갈 수 있는 가게도 있어요.

ペットと一緒(いっしょ)に入(はい)れるお店(みせ)もあります。

펫토또 잇쇼니 하이레루 오미세모 아리마스

A : 식사도 됩니까?

食事(しょくじ)もできますか。

쇼꾸지모 데끼마스까

B : 카페나 레스토랑도 있는 것 같아요.

カフェやレストエランもあるようですよ。

카훼야 레스토랑모 아루요-데스요

A : 그럼 알아보겠습니다.

では調(しら)べてみます。

데와 시라베떼미마스

B : 좋은 곳이 발견되면 좋겠네요.

いいところが見(み)つかるといいですね。

이- 도꼬로가 미쯔까루또 이-데스네

단어

犬(いぬ) 개, 강아지

ペット 애완동물

カフェ 카페

レストラン 레스토랑

調(しら)べてみる 조사해 보다

見(み)つかる 발견하다, 찾아지다

見(み)つかる는 '발견되다라는 뜻입니다. 이는 조사 등을 통하여 정보나 사실을 알게 되는 것을 뜻하는 것으로 사전에 모르는 내용이나 사실을 알게 되는 경우에 사용됩니다.

今日(きょう)はどうでしたか。

코-와 도-데시다까

패턴 050

'오늘은 어땠나요?'라는 뜻입니다. 상대방에게 오늘의 일상 중의 특별한 상황에 대한 것을 물어보거나 가까운 동료 사이에 인사로 사용하는 표현입니다.

楽(たの)しかったです。
다노시깟따데스

즐거웠습니다.

まずまずでした。
마즈마즈데시다

그저 그랬습니다.

人(ひと)が多(おお)くて疲(つか)れました。
히또가 오-꾸떼 쯔까레마시다

사람이 많아서 힘들었습니다.

TIP

まずまず는 '그럭저럭'이라는 뜻으로 만족스러운 상태는 아니었음을 표현하는 방법입니다. 직설적인 표현을 꺼려하는 일본인의 대화방법에 비추어 볼 때에 불만족스러웠던 것을 우회적으로 표현합니다.

관련표현

☑ 기뻤습니다.

嬉(うれ)しかったです。

우레시깟따데스

☑ 해외여행은 어땠습니까?

海外旅行(かいがいりょこう)はどうでしたか。

가이가이료꼬-와 도-데시다까

☑ 오늘 미팅은 어땠습니까?

今日(きょう)のミーティングはどうでしたか。

쿄-노 미-팅구와 도-데시다까

☑ 그저께는 어땠습니까?

おとといはどうでしたか。

오또또이와 도-데시다까

단어

嬉(うれ)しい 기쁜

海外(かいがい) 해외

旅行(りょこう) 여행

ミーティング 미팅

おととい 그저께

상대방에게 어떤 상황이나 결과에 대해 질문할 때 사용하는 どうですか는 현재의 의미로 '어떻습니까?'에 해당되고 どうでしたか는 과거형으로 '어땠습니까?'라고 해석합니다.

대화문

A : 다나카 씨, 오늘은 어땠습니까?

田中(たなか)さん、今日(きょう)はどうでしたか。

다나까상 쿄–와 도–데시다까

B : 놀이동산은 오랜만이라서 즐거웠습니다.

遊園地(ゆうえんち)は久(ひさ)しぶりで楽(たの)しかったです。

유–엔치와 히사시부리데 타노시깟따데스

A : 무엇이 가장 즐거웠습니까?

何(なに)が一番(いちばん)楽(たの)しかったですか。

나니가 이치방 타노시깟따데스까

B : 롤러코스터일까요…

ジェットコースターかな…

젯또코–스타–까나

A : 다나카 씨는 스피드광이군요.

田中(たなか)さんはスピード狂(きょう)ですね。

다나까상와 스피–도쿄–데스네

B : 아, 관람차도 좋았습니다.

あ、観覧車(かんらんしゃ)もよかったです。

아 칸란샤모 요깟따데스

단어

遊園地(ゆうえんち) 유원지

ジェットコースター 제트코스터

スピード狂(きょう) 스피드광

観覧車(かんらんしゃ) 관람차

何(なに)が一番(いちばん)은 한국어 표현과 마찬가지로 여러 가지 내용 중에서 가장 우선이 되는 것을 물어볼 때에 사용하는 표현입니다. 一番(いちばん)은 '1번'이라는 순위보다는 '가장 ~'으로 해석합니다.

복습하기 [패턴 041-050] 만남

★ 041 놀러 가지 않을래요?

遊(あそ)びに行(い)きませんか。

아소비니 이끼마센까

★ 042 어디서 만날까요?

どこで会(あ)いますか。

도꼬데 아이마스까

★ 043 어디로 갈까요?

どこに行(い)きましょうか。

도꼬니 이끼마쇼−까

★ 044 지금 어디인가요?

今(いま)どこですか。

이마 도꼬데스까

★ 045 통금시간이 있나요?

門限(もんげん)はありますか。

몬겐와 아리마스까

★ 046 시간은 괜찮으세요?

時間(じかん)は大丈夫(だいじょうぶ)ですか。

지깐와 다이죠−부데스까

★ 047 이야기하고 싶은 것이 무엇입니까?

話(はな)したいことは何(なん)ですか。

하나시따이 고또와 난데스까

★ 048 누구와 만나나요?

誰(だれ)と会(あ)いますか。

다레또 아이마스까

★ 049 데리고 가도 되나요?

連(つ)れて行(い)ってもいいですか。

쯔레떼 잇떼모 이−데스까

★ 050 오늘은 어땠나요?

今日(きょう)はどうでしたか。

쿄−와 도−데시다까

Part 06

일상

패턴
051

何(なに)をしていますか。

나니오 시떼 이마스까

'무엇을 하고 있습니까?'라는 뜻입니다. 전화 등과 같이 상대방과 함께 있지 않는 상황에서 상대방에게 현재의 상황을 물어보거나 인사로 사용하는 표현입니다.

新聞(しんぶん)を読(よ)んでいます。

신분오 욘데 이마스

신문을 읽고 있습니다.

今(いま)、日本語(にほんご)を勉強(べんきょう)しています。

이마 니혼고오 벤쿄-시떼 이마스

지금, 일본어 공부를 하고 있습니다.

家(いえ)でゴロゴロしています。

이에데 고로고로시떼 이마스

집에서 뒹굴뒹굴하고 있습니다.

TIP

한국어와 마찬가지로 일본어에서도 의태어를 많이 사용합니다. 어떤 물건이 굴러가는 모양을 나타내는 ゴロゴロ나 책장을 넘기는 모양을 나타내는 パラパラ와 같이 상황에 따라 다양한 의태어 표현이 있습니다.

관련표현

☑ 무엇을 하며 지내고 있습니까?

何(なに)をして過(す)ごしていますか。

나니오 시떼 스고시떼 이마스까

☑ 여유가 있으면 일본어 공부를 하고 있습니다.

暇(ひま)さえあれば日本語(にほんご)の勉強(べんきょう)をしています。

히마사에 아레바 니혼고노 벤쿄-오 시떼 이마스

☑ 아무것도 하지 않습니다.

何(なに)もしていません。

나니모 시떼 이마센

☑ 뒹굴뒹굴했습니다.

寝転(ねころ)がっていました。

네코로갓떼 이마시다

단어

暇(ひま) 여가, 짬

勉強(べんきょう)する 공부하다

何(なに)も 아무것도

寝転(ねころ)がる 뒹굴뒹굴 거리다

何(なに)も는 부정적인 표현과 함께 사용하여 '아무것도… (않다)'라는 뜻으로 사용됩니다.

대화문

A : 스즈키 씨 무엇을 하고 있나요?

鈴木(すずき)さん、何(なに)をしていますか。

스즈끼상 나니오 시떼 이마스까

B : 방 청소를 하고 있습니다.

部屋(へや)の掃除(そうじ)をしています。

헤야노 소–지오 시떼 이마스

A : 그건 좋은 일이네요.

それはいいことですね。

소레와 이–꼬또데스네

B : 기분 전환이 돼요.

気分転換(きぶんてんかん)になりますよ。

기분뗀깐니 나리마스요

A : 나도 방을 정리해야겠군요.

私(わたし)も部屋(へや)を片付(かたづ)けようっと。

와띠시모 헤야오 가따즈께욧–또

B : 상쾌해질 거예요.

スッキリしますよ。

슷끼리시마스요

단어

掃除(そうじ) 청소

気分(きぶん) 기분

転換(てんかん) 전환

片付(かたづ)ける 정리하다

スッキリする 상쾌하다

スッキリ는 어떤 산뜻한 모양 또는 말끔한 모양을 나타내는 표현으로 사용되는 말이며 주로 카타카나로 표기합니다. 어떤 상황이나 상태가 잘 정리되어 홀가분한 마음 상태를 표현하는 말입니다.

趣味(しゅみ)は何(なん)ですか。

슈미와 난데스까

패턴 052

'취미가 무엇입니까?'라는 뜻입니다. 상대방에게 즐겨하는 취미를 물어 볼 때 사용하는 표현입니다. 새롭게 만난 사람 등과 친분을 쌓기 위해 필요한 대화 중의 하나입니다.

読書(どくしょ)です。

도꾸쇼데스

독서입니다.

旅行(りょこう)です。

료꼬-데스

여행입니다.

これと言(い)える趣味(しゅみ)はありません。

고레또 이에루 슈미와 아리마센

이것이라고 말할 수 있는 취미는 없습니다.

TIP

これと言(い)えるは '이것이라고 말할 수 있는'이라는 뜻으로 정확하게 말할 수 있는 것이라는 의미로 사용할 수 있습니다. 주로 부정적인 말과 함께 사용하여서 딱히 특정할 것이 없는 상황을 관용적으로 표현할 때에 사용합니다.

관련표현

☑ 책을 읽는 것입니다.

本(ほん)を読(よ)むことです。

혼오 요무 고또데스

☑ 여행하는 것입니다.

旅行(りょこう)することです。

료꼬-스루 고또데스

☑ 취미라고 말할 수 없습니다.

趣味(しゅみ)とは言(い)えません。

슈미또와 이에마센

☑ 취미를 가지고 있습니까?

趣味(しゅみ)を持(も)っていますか。

슈미오 못떼 이마스까

동사의 기본형과 こと를 함께 사용하면 그 동사가 가지는 동작을 명사화하는 표현 방법입니다. 예를 들어 '여행하다'라는 旅行(りょこう)する와 こと가 함께 사용되면 '여행하는 것'입니다.

단어

旅行(りょこう) 여행

趣味(しゅみ) 취미

대화문

A : 야마모토 씨의 취미는 무엇입니까?

山本(やまもと)さんの趣味(しゅみ)は何(なん)ですか。

야마모또상노 슈미와 난데스까

B : 저의 취미는 그림을 그리는 것입니다.

私(わたし)の趣味(しゅみ)は絵(え)を描(か)くことです。

와따시노 슈미와 에오 가꾸 고또데스

A : 멋지네요.

素敵(すてき)ですね。

스떼끼데스네

B : 어렸을 적 화가가 되고 싶었습니다.

小(ち)さいころ画家(がか)になりたかったんです。

찌-사이꼬로 가까니 나리타깟딴데스

A : 어떤 그림을 그리세요?

どんな絵(え)を描(か)きますか。

돈나 에오 가끼마스까

B : 풍경화가 많습니다.

風景画(ふうけいが)が多(おお)いです。

후-께-가가 오-이데스

단어

絵(え) 그림

描(か)く 그림 그리다

画家(がか) 화가

風景(ふうけい) 풍경

小(ち)さいころ는 주로 '어린 시절'이라는 뜻으로 사용됩니다. 비슷한 표현으로는 幼(おさな)いころ가 있습니다.

패턴 053

最近何かにハマっていますか。

사이낀 나니까니 하맛떼 이마스까

'최근 무엇인가에 빠져 있나요?'라는 뜻입니다. 앞에서 설명한 문장과 비슷하게 상대방에게 최근 즐겨하는 취미 등을 물어볼 때에 사용하는 표현입니다. 친근한 사람과 일상적으로 나눌 수 있는 대화 중의 하나입니다.

ゲームです。 **게임입니다.**

게-무데스

料理にハマっています。 **요리에 빠져 있습니다.**

료-리니 하맛떼 이마스

韓流ドラマにハマっています。 **한류 드라마에 빠져 있습니다.**

칸류-도라마니 하맛떼 이마스

TIP

ハマる는 어떤 것이나 대상에게 푹 빠져 있는 상태를 말하는 표현입니다. 기본적으로 嵌まる라는 단어를 사용하지만 최근에는 카타카나로 표현되는 경우가 많이 있습니다. 자주 사용하는 표현입니다.

관련표현

☑ 게임에 빠져서 벗어날 수 없습니다.

ゲームにハマって抜(ぬ)けられません。

게-무니 하맛떼 누께라레마센

☑ 지금 요리에 푹 빠져 있습니다.

今(いま)、料理(りょうり)に夢中(むちゅう)になっています。

이마 료-리니 무츄-니 낫떼 이마스

☑ 한류 드라마는 한번 보면 멈출 수 없게 됩니다.

韓流(かんりゅう)ドラマは一度(いちど)見(み)ると病(や)みつきになります。

칸류-도라마와 이찌도 미루또 야미츠끼니 나리마스

☑ 한국 배우에게 마음을 빼앗겼습니다.

韓国(かんこく)の俳優(はいゆう)に心(こころ)を奪(うば)われました。

칸꼬꾸노 하이유-니 고꼬로오 우바와레마시다

단어

ゲーム 게임

抜(ぬ)けられない 헤어 나올 수 없다

料理(りょうり) 요리

夢中(むちゅう)になる 몰입하다, 푹 빠지다

韓流(かんりゅう)ドラマ 한류 드라마

病(や)みつきになる 멈출 수 없게 되다

俳優(はいゆう) 배우

奪(うば)う 빼앗다

어떤 상대나 대상에 '마음을 빼앗기다'는 心(こころ)を奪(うば)われる라는 표현을 사용합니다. 한국어와 동일한 표현 방법으로 이해하시고 잘 익혀 두시기 바랍니다.

대화문

A : 야마모토 씨 최근에 무언가에 빠져 있습니까?

山本(やまもと)さん、最近(さいきん)何(なに)かにハマっていますか。

야마모또상 사이낀 나니까니 하맛떼 이마스까

B : 사실은 카메라에 푹 빠져 있습니다.

実(じつ)はカメラに夢中(むちゅう)です。

지쯔와 카메라니 무츄-데스

A : 사진을 찍으세요?

写真(しゃしん)を撮(と)るんですか。

샤신오 토룬데스까

B : 네 쉬는 날에 많이 찍습니다.

はい。休(やす)みの日(ひ)にたくさん撮(と)ります。

하이 야스미노 히니 다꾸상 토리마스

A : 어떤 사진을 찍습니까?

どういう写真(しゃしん)を撮(と)りますか。

도-유-샤신오 토리마스까

B : 식물 사진이 대부분입니다.

植物(しょくぶつ)の写真(しゃしん)がほとんどです。

쇼꾸부쯔노 샤신가 호똔도데스

단어

実(じつ)は 사실은, 실제로

カメラ 카메라

写真(しゃしん) 사진

撮(と)る (사진을) 찍다

休(やす)みの日(ひ) 휴일

植物(しょくぶつ) 식물

夢中(むちゅう)는 앞에서 설명한 ハマる와 같이 어떤 것이나 대상에게 푹 빠져 있는 상태를 말합니다.

生活(せいかつ)に慣(な)れましたか。

세-까쯔니 나레마시다까

'생활이 익숙해졌습니까?'라는 뜻입니다. 상대방에게 새롭게 변화된 환경 등의 상황에 적응하고 있는지를 물어볼 때에 사용하는 표현입니다. 친구와 직장 동료 등과 친분을 쌓기 위해 필요한 대화 중의 하나입니다.

慣(な)れたと思(おも)います。
나레따또 오모이마스

익숙해졌다고 생각합니다.

ずいぶん慣(な)れました。
즈이분 나레마시다

꽤 익숙해졌습니다.

まだまだです。
마다마다데스

아직입니다.

TIP

まだまだ는 '아직'이라는 뜻을 가진 まだ를 연속적으로 사용하여 그 의미를 강조하는 단어입니다. 일상에서 자주 사용하는 표현이므로 표현입니다.

관련표현

☑ 어두운 곳에서 눈이 익숙해졌다.

暗(くら)いところで目(め)が慣(な)れてきた。

구라이 도꼬로데 메가 나레떼 끼따

☑ 물에 익숙해져서 헤엄칠 수 있게 되었다.

水(みず)に慣(な)れて泳(およ)げるようになった。

미즈니 나레떼 오요게루요-니 낫따

☑ 곧 익숙해질 거예요.

すぐに慣(な)れますよ。

스구니 나레마스요

☑ 드디어 학교 생활에 익숙해졌습니다.

ようやく学校生活(がっこうせいかつ)に慣(な)れました。

요-야꾸 갓꼬-세-까쯔니 나레마시다

단어

暗(くら)い 어두운

目(め) 눈

水(みず) 물

泳(およ)げる 수영할 수 있다

ようやく 드디어

慣(な)れる는 어떤 상황이나 환경 등에 '익숙해지다'라는 뜻으로 사용됩니다. 그 대상은 사람이 될 수도 있으며 상황이 될 수 있습니다.

대화문

A : 스즈키 씨, 한국 생활은 익숙해졌습니까?

鈴木さん、韓国の生活に慣れましたか。

스즈끼상 간꼬꾸노 세-까쯔니 나레마시다까

B : 생각했던 것보다 빨리 익숙해졌습니다.

思ったより早く慣れました。

오못따요리 하야꾸 나레마시다

A : 환경이 바뀌면 힘들죠?

環境が変わると大変でしょう。

간쿄-가 가와루또 다이헨데쇼-

B : 여러분에게 도움받고 있습니다.

みんなに助けてもらっています。

민나니 다스께떼 모랏떼 이마스

A : 친구는 생겼습니까?

友達は出来ましたか。

도모다찌와 데끼마시다까

B : 네 드디어 친구들과도 친숙해졌습니다.

はい。やっと友達にも馴染んできました。

하이 얏또 도모다찌니모 나진데 키마시다

단어

生活 생활

思ったより 생각보다

環境 환경

変わる 바뀌다

助けてもらう 도움을 받다

馴染む 친숙한

ようやく와 やっと는 모두 '간신히' 또는 '겨우'라는 뜻입니다. 어떤 상황이 이루어지는 과정이 힘들었음을 강조하는 표현입니다.

패턴
055

週末(しゅうまつ)は何(なに)をしますか。

슈-마쯔와 나니오 시마스까

'주말은 무엇을 하나요?'라는 뜻입니다. 상대방에게 주말 일정을 물어 볼 때에 사용하는 표현입니다. 가까운 동료 사이에 친분을 쌓을 때에 사용되는 표현 중 하나입니다.

週末(しゅうまつ)は一日中(いちにちじゅう)テレビを見(み)ます。 **주말은 하루 종일 티비를 봅니다.**

슈-마쯔와 이찌니찌쥬- 테레비오 미마스

自分(じぶん)だけの時間(じかん)を過(す)ごします。 **나만의 시간을 보냅니다.**

지분다께노 지깐오 스고시마스

図書館(としょかん)に行(い)きます。 **도서관에 갑니다.**

도쇼깐니 이끼마스

TIP

'(시간을) 보내다'는 過(す)ごす라는 단어를 사용합니다. 이는 시간 중의 동작이나 행동을 표현하는 것이 아닌 시간의 흐름을 표현하는 것으로 관용적으로 사용된다는 것을 알아 두시기 바랍니다.

관련표현

☑ 토요일과 일요일에는 무엇을 합니까?

土日(どにち)は何(なに)をしますか。

도니찌와 나니오 시마스까

☑ 자유롭게 보냅니다.

自由(じゆう)に過(す)ごします。

지유-니 스고시마스

☑ 연인과 시간을 보냅니다.

恋人(こいびと)と時間(じかん)を過(す)ごします。

고이비또또 지깐오 스고시마스

☑ 딱히 정해져 있지 않습니다.

特(とく)に決(き)まっていません。

도꾸니 끼맛떼 이마센

단어

土日(どにち) 토요일과 일요일

自由(じゆう)に 자유롭게

過(す)ごす (시간을) 보내다

恋人(こいびと) 연인

일반적으로 사랑하는 '연인'을 말할 때에는 恋人(こいびと)라고 표현하지만 보통 자신의 남자 친구 또는 연인을 말할 때에는 彼(かれ)를 사용하며 타인의 남자 친구 또는 연인을 말할 때에는 彼氏(かれし)라고 씁니다.

대화문

A : 다나카 씨, 주말은 무엇을 하나요?

田中(たなか)さん、週末(しゅうまつ)は何(なに)をしますか。

다나까상 슈–마쯔와 나니오 시마스까

B : 거의 잡니다.

ほとんど寝(ね)ています。

호똔도 네떼 이마스

A : 외출하는 일은 없습니까?

出(で)かけることはありませんか。

데까께루 고또와 아리마센까

B : 근처 슈퍼에서 장을 보는 정도예요.

近(ちか)くのスーパーに買(か)い物(もの)に行(い)くくらいです。

찌까꾸노 스–파–니 가이모노니 이꾸구라이데스

A : 이번 주말에 같이 드라이브라도 하지 않을래요?

今度(こんど)の週末(しゅうまつ)、一緒(いっしょ)にドライブでもしませんか。

곤도노 슈–마쯔 잇쇼니 도라이브데모 시마센까

B : 네 꼭 가고 싶습니다.

はい。ぜひ行(い)きたいです。

하이 제히 이끼따이데스

단어

寝(ね)る 잠을 자다

出(で)かける 외출하다, 나가다

買(か)い物(もの) 쇼핑

ドライブ 드라이브

ぜひ 꼭

土日(どにち)는 한국어 표현방법과 마찬가지로 요일의 이름을 줄여서 함께 사용합니다.

運動していますか。

운도-시떼 이마스까

패턴 056

'운동하고 있습니까?'라는 뜻입니다. 상대방에게 여가 시간을 보내는 방법을 물어볼 때에 사용하는 표현 방법 중의 하나입니다. 친구, 동료, 새롭게 만난 사람 등과 친분을 쌓기 위해 필요한 대화 중 하나입니다.

ほとんど毎日運動しています。 거의 매일 운동하고 있습니다.
호똔도 마이니찌 운도-시떼 이마스

気が向いたらする方です。 기분이 내키면 하는 편입니다.
기가 무이따라스루 호-데스

運動は苦手です。 운동은 질색입니다.
운도-와 니가떼데스

TIP

気が向いたら는 지금은 마음이 없지만 나중에 '마음이 내키면'이라는 의미입니다. 가볍게 부정적인 의사를 표시하는 뜻으로 사용됩니다.

관련표현

☑ 거의 매일 헬스장에 다닙니다.

ほとんど毎日ジムに通っています。

호톤도 마이니찌 지무니 가욧떼 이마스

☑ 기분이 내키면 권유해 주세요.

気が向いたら誘ってください。

기가 무이따라 사솟떼 구다사이

☑ 즐겁게 운동하는 편입니다.

楽しく運動する方です。

다노시꾸 운도-스루 호-데스

☑ 몸을 움직이는 것은 질색입니다.

体を動かすのは苦手です。

가라다오 우고까스노와 니가떼데스

단어

ジム 채육관, 헬스장

通う 통근하다, 다니다

気が向いたら 마음이 내키면

誘う 권유하다

運動 운동

動かす 움직이다

苦手 질색, 달가워하지 않음

苦手는 어떤 대상이나 취향 등이 맞지 않을 경우에 사용합니다. 주로 회화에서 관용적으로 자주 사용되는 표현이므로 표현 방법을 잘 익혀서 사용해 보시기 바랍니다.

대화문

A : 야마다 씨는 운동하고 있습니까?

山田(やまだ)さんは運動(うんどう)していますか。

야마다상와 운도-시떼 이마스까

B : 운동이라고 해도 가벼운 조깅 정도입니다.

運動(うんどう)と言(い)っても軽(かる)いジョギング程度(ていど)です。

운도-또 잇떼모 가루이 죠깅구테-도데스

A : 대단하네요.

すごいですね。

스고이데스네

B : 스즈키 씨는 어떤 운동을 합니까?

鈴木(すずき)さんはどんな運動(うんどう)するんですか。

스즈끼상와 돈나 운도-스룬데스까

A : 최근에 운동을 안 해서 몸이 굳어 버렸어요.

最近(さいきん)運動(うんどう)していないので体(からだ)がなまっています。

사이낀 운도-시떼 이나이노데 가라다가 나맛떼 이마스

B : 그러면 저와 같이 조깅합시다.

じゃあ私(わたし)と一緒(いっしょ)にジョギングしましょう。

쟈- 와따시또 잇쇼니 죠깅구시마쇼-

단어

軽(かる)い 가벼운

ジョギング 조깅

程度(ていど) 정도

なまる 무뎌지다, 굳어지다

すごい는 '대단하다' 또는 '굉장하다'라는 뜻으로 사용되는 감탄 표현 입니다. 참고로 젊은이들은 すげぇ라고 말합니다.

패턴
057

ペットを飼(か)っていますか。

펫또오 캇떼 이마스까

'애완동물을 키우고 있나요?'라는 뜻입니다. 상대방에게 애완동물을 기르는지를 물어볼 때에 사용하는 표현입니다. 가까운 동료 사이에 친분을 쌓을 때에 사용되는 표현 중 하나입니다.

家(うち)には猫(ねこ)がいます。
우찌니와 네꼬가 이마스

집에는 고양이가 있습니다.

熱帯魚(ねったいぎょ)を飼(か)っています。
넷따이교오 갓떼 이마스

열대어를 키우고 있습니다.

私(わたし)は動物(どうぶつ)アレルギーでペットを飼(か)えません。
와따시와 도-부쯔아레르기-데 펫또오 가에마센

저는 동물 알레르기로 애완동물을 못 키웁니다.

TIP

일본어를 배우는 외국인들이 가장 혼란스러워하는 부분이 동일한 발음이지만 한자에 따라 의미가 다른 말이 많은 것입니다. 예를 들어 ペットを買(か)う와 ペットを飼(か)う는 발음은 같지만 '애완동물을 사다'와 '애완동물을 기르다'라는 뜻의 차이가 있으므로 일본어를 공부하실 때에는 한자도 함께 익혀두셔야 합니다.

관련표현

☑ 집에는 개가 한 마리, 고양이가 세 마리 있습니다.

家には犬が1匹、猫が3匹います。

우찌니와 이누가 잇삐끼, 네꼬가 산비끼이마스

☑ 오랫동안 금붕어를 키우고 있습니다.

長い間金魚を飼っています。

나가이 아이다 깅교오 갓떼 이마스

☑ 최근 애완동물을 키우는 게임이 있습니다.

最近ペットを育てるゲームがあります。

사이낀 펫또오 소다떼루 게–무가 아리마스

☑ 저는 동물 알레르기 반응이 올라옵니다.

私は動物アレルギー反応を起こします。

와따시와 도–부쯔아레르기한노–오 오꼬시마스

단어

猫 고양이

金魚 금붕어

ペット 애완동물

育てる 기르다, 키우다

動物 동물

アレルギー 알레르기

反応 반응

家는 いえ 또는 うち로 발음합니다. いえ의 경우에는 건물 자체나 가계(家系)를 말할 때에 사용하며 いえ는 가족이나 가정을 말하며 '나'를 가리키는 경우에도 사용됩니다.

대화문

A : 스즈키 씨, 애완동물을 키우고 있나요?

鈴木(すずき)さん、ペットを飼(か)っていますか。

스즈끼상 펫또오 캇떼 이마스까

B : 네, 개가 두 마리 있습니다.

はい。犬(いぬ)が2匹(ひき)います。

하이 이누가 니히끼이마스

A : 개 종류는 뭔가요?

犬(いぬ)の種類(しゅるい)は何(なん)ですか。

이누노 슈루이와 난데스까

B : 말티즈입니다.

マルチーズです。

마르치-즈데스

A : 귀엽겠네요.

かわいいでしょうね。

가와이-데쇼-네

B : 우리 집 개는 가족과도 같아요.

家(うち)の犬(いぬ)は家族同然(かぞくどうぜん)です。

우찌노 이누와 가조꾸도-젠데스

단어

犬(いぬ) 개, 강아지

種類(しゅるい) 종류

マルチーズ 말티즈

かわいい 귀여운, 사랑스러운

家族同然(かぞくどうぜん) 가족과 같은

일본어에서는 수량을 세는 명사가 앞의 수에 따라서 발음이 다른 사례가 있습니다. 예문처럼 동물 두 마리일 때 2匹(ひき)가 한 마리일 때 1匹(ぴき)로 달라집니다.

패턴 **058**

困(こま)ったことはないですか。

고맛따 고또와 나이데스까

'곤란한 일은 없나요?'라는 뜻입니다. 상대방에게 일상생활이나 업무 등에서 불편하거나 곤란한 점은 없는지 물어볼 때에 사용하는 표현입니다.

一(いち)から十(じゅう)までわからないことばかりです。

이찌까라 쥬-마데 와까라나이 고또바까리데스

하나부터 열까지 모르는 것 투성이입니다.

方向音痴(ほうこうおんち)でよく行(ゆ)き先(さき)を間違(まちが)えます。

호-꼬-온찌데 요꾸 유끼사끼오 마찌가에마스

길치라서 자주 갈 길을 틀립니다.

困(こま)ったときは周(まわ)りの人(ひと)にすぐ尋(たず)ねるようにしています。

고맛따 도끼와 마와리노 히또니 스구 다즈네루요-니 시떼 이마스

곤란할 때는 주변 사람들에게 바로 물어보도록 하고 있습니다.

TIP

공간이나 시간의 시작과 끝의 범위를 나타내는 표현은 ~から …まで입니다. 시작의 시간이나 장소에 ~から를 써서 '~부터'라는 의미로 사용하며 종료되는 시간이나 장소에 …まで를 써서 '…까지'라는 뜻으로 사용할 수 있습니다.

관련표현

☑ 고민하고 있지 않습니까?

悩(なや)んでいませんか。

나얀데이마센까

☑ 갈 길을 틀리지 않도록 앱으로 검색해서 갑니다.

行(い)き先(さき)を間違(まちが)わないようにアプリで検索(けんさく)して行(い)きます。

이끼사끼오 마찌가와나이요－니 아뿌리데 겐사꾸시떼 이끼마스

☑ 곤란할 때는 얘기해 주세요.

困(こま)ったときは話(はな)してください。

고맛따 도끼와 하나시떼 구다사이

☑ 사람에게 물어보면 친절하게 알려 줍니다.

人(ひと)に尋(たず)ねると親切(しんせつ)に教(おし)えてくれます。

히또니 다즈네루또 신세쯔니 오시에떼 꾸레마스

단어

悩(なや)む 고민하다

間違(まちが)える 틀리다

アプリ 어플, 앱

検索(けんさく) 검색

尋(たず)ねる 물어보다

親切(しんせつ)に 친절하게

앞에서도 몇 차례 설명한 것처럼 일본어는 외래를 줄여서 표현하는 경향이 많습니다. 최근 스마트폰이나 멀티미디어 기기에서 사용되는 '어플리케이션(アプリケーション)'은 アプリ로 줄여서 표현합니다.

대화문

A : 다나카 씨, 한국에서 생활도 일 년이 되네요.

田中(たなか)さん、韓国(かんこく)での生活(せいかつ)も一年(いちねん)になりますね。

다나까상 간꼬꾸데노 세–까쯔모 이찌넨니 나리마스네

B : 네. 순식간에 일 년 지났습니다.

はい。あっという間(ま)に一年(いちねん)経(た)ちました。

하이 앗또유–마니 이찌넨 다찌마시다

A : 어떤 곤란한 일은 없습니까?

何(なに)か困(こま)ったことはないですか。

나니까 고맛따 고또와 나이데스까

B : 곧 집 계약이 끝나서 이사 가지 않으면 안 돼요.

もうすぐ家(いえ)の契約(けいやく)が切(き)れるので引(ひ)っ越(こ)さないといけません。

모–스구 이에노 게–야꾸가 기레루노데 힛꼬사나이또 이께마센

A : 같이 부동산을 방문해 볼래요?

一緒(いっしょ)に不動産(ふどうさん)を訪(たず)ねてみますか。

잇쇼니 후도–산오 타즈네떼 미마스까

B : 꼭 같이 가 주세요.

ぜひ一緒(いっしょ)に行(い)ってください。

제히 잇쇼니 잇떼 구다사이

단어

あっという間(ま)に 순식간에, 눈깜짝할 사이에

経(た)つ (시간) 경과하다

契約(けいやく) 계약

切(き)れる 끊어지다, 종료되다

不動産(ふどうさん) 부동산

訪(たず)ねる 방문하다

音痴(おんち)는 '음치'라는 뜻이지만 어떤 능력과 관련된 단어와 함께 사용하여 그 능력이 모자람을 표현합니다. 方向音痴(ほうこうおんち)도 '방향'과 '음치'를 함께 사용하여 방향감각이 부족함을 표현하는 것입니다.

Part 06 일상

패턴 059

相談に乗りましょうか。

소-단니 노리마쇼-까

'상담해 드릴까요?'라는 뜻입니다. 상대방에게 일상생활이나 업무 등에서 불편하거나 곤란한 점에 대해서 상담이 필요한지 물어볼 때에 사용하는 표현입니다.

ぜひ相談に乗ってください。

제히 소-단니 놋떼 구다사이

부디 상담을 해 주세요.

何とか一人で解決してみます。

난또까 히또리데 가이께쯔시떼 미마스

어떻게 하든지 혼자서 해결해 보겠습니다.

ありがとうございます。それには及びません。

아리가또-고자이마스 소레니와 오요비마센

고맙습니다. 그 정도는 못 됩니다.

TIP

위의 예문에서 나타나는 何とか는 '어떻게 하든지'라는 뜻으로 어떤 방법이나 수단을 활용하여 결과를 만들어 내는 상황을 표현합니다.

관련표현

☑ 상담해도 되겠습니까?

相談(そうだん)してもいいですか。

소-단시떼모 이-데스까

☑ 상담해 줄게요.

相談(そうだん)に乗(の)ってあげますよ。

소-단니 놋떼 아게마스요

☑ 상담해 줄 수 있나요?

相談(そうだん)に乗(の)ってもらえますか。

소-단니 놋떼 모라에마스까

☑ 상담을 받았습니다.

相談(そうだん)を受(う)けました。

소-단오 우께마시다

단어

相談(そうだん)に乗(の)る 상담하다

相談(そうだん)を受(う)ける 상담받다

~てあげますよ는 상대방에게 어떤 행동을 해 주겠다는 것을 표현하는 방법입니다. 그 뜻은 '~해 줄게'입니다.

대화문

A : 스즈키 씨, 기운 없어 보이네요.

鈴木(すずき)さん、元気(げんき)がないですね。

스즈끼상 겡끼가 나이데스네

B : 어제 업무에서 실수했습니다.

昨日(きのう)、仕事(しごと)でミスしたんです。

기노- 시고또데 미스시딴데스

A : 상담해 줄까요?

相談(そうだん)に乗(の)りましょうか。

소-단니 노리마쇼-까

B : 이번 건은 잘 넘어갔습니다.

今回(こんかい)の件(けん)は上手(うま)く乗(の)り越(こ)えました。

곤까이노 껜와 우마꾸 노리코에마시다

A : 저라도 괜찮으면 언제든지 상담해 주세요.

私(わたし)でよかったら、いつでも相談(そうだん)してくださいね。

와따시데 요깟따라 이쯔데모 소-단시떼 구다사이네

B : 네, 고맙습니다.

はい。ありがとうございます。

하이 아리가또-고자이마스

단어

元気(げんき)がない 기운이 없는

ミスする 실수하다

件(けん) 건, 일

上手(うま)く 잘, 훌륭하게

乗(の)り越(こ)える 넘어가다

うまく～는 어떤 행동이나 능력이 생각만큼 잘되었을 때 사용하는 표현입니다. うまい는 한자로 쓸 때 上手(うま)い는 '잘한다'는 능력을 표시하고 美味(うま)い는 '맛있다' 또는 '잘한다'로도 사용합니다.

패턴 060

最寄り駅はどこですか。

모요리에끼와 도꼬데스까

'근처 역은 어디인가요?'라는 뜻입니다. 길을 찾거나 장소를 정하는 경우에 '가장 가까운 역'을 물어볼 때 사용할 수 있는 표현입니다.

我が家の最寄り駅は池袋駅です。

와가야노 모요리에끼와 이께부꾸로에끼데스

저희 집 근처 역은 이케부쿠로 역입니다.

会社からは新宿駅が近いです。

가이샤까라와 신쥬꾸에끼가 찌까이데스

회사에서는 신주쿠역이 가깝습니다.

家から最寄り駅まではバスで10分ほどかかります。

우찌까라 모요리에끼마데와 바스데 쥿뿐호도 가까리마스

집에서 근처 역까지는 버스로 10분정도 걸립니다.

TIP

最寄り는 '거리상으로 가장 가까운' 대상을 가리킬 때에 사용되는 표현으로 공간적인 거리가 가까움을 말합니다. 最寄り와 장소를 나타내는 명사가 함께 사용됩니다.

관련표현

☑ 자택에서 가장 가까운 역은 어디입니까?

自宅(じたく)から一番近い(いちばんちか)駅(えき)はどこですか。

지타꾸까라 이찌방 찌까이에끼와 도꼬데스까

☑ 근처 역까지는 걸어서 5분입니다.

最寄り(もより)駅(えき)までは歩いて(ある)5分(ふん)です。

모요리에끼마데와 아루이떼 고훈데스

☑ 근처 역을 알려 주세요.

最寄り(もより)駅(えき)を教え(おし)てください。

모요리에끼오 오시에떼 구다사이

☑ 근처 역에서 택시를 타고 와 주세요.

最寄り(もより)駅(えき)からタクシーに乗って(の)来(き)てください。

모요리에끼까라 타꾸시-니 놋떼 끼떼 구다사이

歩いて(ある)5分(ふん)은 '걸어서 5분(거리)'입니다. 회화에서 상대방에게 거리의 정도를 표현할 때에 자주 사용되는 표현입니다.

단어

自宅(じたく) 자택

대화문

A : 여보세요? 야마다 씨, 저 길을 잃어버렸어요.

もしもし山田(やまだ)さん。私(わたし)、道(みち)に迷(まよ)ってしまって。

모시모시 야마다상 와따시 미찌니 마욧떼 시맛떼

B : 스즈키 씨, 지금 어디신가요?

鈴木(すずき)さん、今(いま)どちらですか。

스즈끼상 이마 도찌라데스까

A : 근처까지 왔다고 생각합니다만.

近(ちか)くまで来(き)ていると思(おも)うのですが。

찌까꾸마데 끼떼 이루또 오모우노데스가

B : 근처 역은 어디인가요?

最寄(もよ)り駅(えき)はどこですか。

모요리에끼와 도꼬데스까

A : 하라쥬쿠역입니다.

原宿駅(はらじゅくえき)です。

하라쥬꾸에끼데스

B : 거기서부터 요요기 공원 방향으로 걸어서 오세요.

そこから代々木公園(よよぎこうえん)の方向(ほうこう)に歩(ある)いて来(き)てください。

소꼬까라 요요기고–엔노 호–꼬–니 아루이떼 끼떼 구다사이

단어

もしもし (전화) 여보세요

道(みち)に迷(まよ)う 길을 헤매다

方向(ほうこう) 방향

~に迷(まよ)う는 '~헤매다' 또는 '~방향을 잃다'라는 의미입니다. 한국어 표현과는 달리 ~に가 쓰입니다.

복습하기 [패턴 051-060] 일상

★ 051 무엇을 하고 있습니까?

なに
何をしていますか。

나니오 시떼 이마스까

★ 052 취미가 무엇입니까?

しゅ み　なん
趣味は何ですか。

슈미와 난데스까

★ 053 최근 무엇인가에 빠져 있나요?

さい きん なに
最近何かにハマっていますか。

사이낀 나니까니 하맛떼 이마스까

★ 054 생활이 익숙해졌습니까?

せい かつ　な
生活に慣れましたか。

세–까쯔니 나레마시다까

★ 055 주말은 무엇을 하나요?

しゅうまつ　なに
週末は何をしますか。

슈–마쯔와 나니오 시마스까

★ 056 운동하고 있습니까?

うん どう
運動していますか。

운도–시떼 이마스까

★ 057 애완동물을 키우고 있나요?

か
ペットを飼っていますか。

펫또오 캇떼 이마스까

★ 058 곤란한 일은 없나요?

こま
困ったことはないですか。

고맛따 고또와 나이데스까

★ 059 상담해 드릴까요?

そう だん　の
相談に乗りましょうか。

소–단니 노리마쇼–까

★ 060 근처 역은 어디인가요?

も よ　えき
最寄り駅はどこですか。

모요리에끼와 도꼬데스까

Part 07

음식

패턴 061

辛(から)いのは大丈夫(だいじょうぶ)ですか。

가라이노와 다이죠-부데스까

'매운 것은 괜찮습니까?'라는 뜻입니다. 식사를 초대하거나 식사를 주문하는 상황 등에서 상대방에게 음식 취향을 물어볼 때 사용하는 표현입니다.

全然平気(ぜんぜんへいき)です。
전혀 괜찮아요.
젠젠 헤-끼데스

食(た)べれるようになりました。
먹을 수 있게 되었습니다.
다베레루요-니 나리마시다

私(わたし)は辛(から)いのを食(た)べるとお腹(なか)を壊(こわ)します。
저는 매운 걸 먹으면 배가 아픕니다.
와따시와 가라이노오 다베루또 오나까오 고와시마스

TIP

형용사에 ~の를 붙여 사용하면 형용사의 명사형이 됩니다. 위의 예문에서 나타나는 辛(から)いの는 辛(から)い와 ~の를 함께 사용하여 '매운 것'이라는 뜻이 됩니다.

관련표현

☑ 매운 것 먹어도 괜찮나요?

辛(から)いの食(た)べても平気(へいき)ですか。

가라이노 다베떼모 헤-끼데스까

☑ 매운 것 엄청 좋아해요.

辛(から)いの大好(だいす)きです。

가라이노 다이스끼데스

☑ 매운 것 먹으면 땀을 흘립니다.

辛(から)いの食(た)べると汗(あせ)をかきます。

가라이노 다베루또 아세오 가끼마스

☑ 매운 것은 질색입니다.

辛(から)いのは苦手(にがて)です。

가라이노와 니가떼데스

단어

辛(から)い 매운

平気(へいき) 괜찮음

汗(あせ)をかく 땀을 흘리다

平気(へいき)는 특별한 이상이 없이 '괜찮다'는 표현 방법입니다. 大丈夫(だいじょうぶ)와 비슷한 의미로 사용됩니다.

대화문

A : 오늘은 떡볶이를 먹었습니다.

今日(きょう)はトッポッキを食(た)べました。

쿄-와 똑뽀끼오 다베마시다

B : 다나카 씨, 매운 것은 괜찮아요?

田中(たなか)さん、辛(から)いのは大丈夫(だいじょうぶ)ですか。

다나까상 가라이노와 다이죠-부데스까

A : 처음에는 못 먹었었지만 지금은 괜찮아요.

初(はじ)めは食(た)べれなかったのですが、今(いま)は大丈夫(だいじょうぶ)です。

하지메와 다베레나깟따노데스가 이마와 다이죠-부데스

B : 일본에도 매운 음식이 있나요?

日本(にほん)にも辛(から)い食(た)べ物(もの)がありますか。

니혼니모 가라이 다베모노가 아리마스까

A : 네, 매운 것을 좋아하는 사람도 꽤 있습니다.

はい。辛(から)いの好(す)きな人(ひと)も結構(けっこう)いますよ。

하이 가라이노 스끼나 히또모 겟꼬- 이마스요

B : 실은 저도 매우 좋아해요.

実(じつ)は私(わたし)も大好(だいす)きです。

지쯔와 와따시모 다이스끼데스

단어

トッポッキ 떡볶이

結構(けっこう) 결국, 상당히

大好(だいす)き는 '매우 좋아한다'라는 뜻입니다. 이는 '크다'라는 大(だい)와 '좋아하다'라는 好(す)き를 함께 사용하여 강조하는 표현입니다.

お勧(すす)めの店(みせ)がありますか。

오스스메노 미세가 아리마스까

패턴 062

'추천하는 가게가 있습니까?'라는 뜻입니다. 새로운 지역이나 익숙하지 않은 곳 등에서 상대방에게 식당이나 가게 등의 추천 등을 부탁할 때에 사용하는 표현입니다.

ありますよ。私(わたし)に任(まか)せてください。
아리마스요 와따시니 마까세떼 구다사이
있습니다. 저에게 맡겨 주세요.

先週(せんしゅう)田中(たなか)さんと行(い)った所(ところ)がお勧(すす)めです。
센슈- 다나까상또 잇따 도꼬로가 오스스메데스
저번 주 다나카 씨랑 갔었던 곳을 추천합니다.

お勧(すす)めの店(みせ)は並(なら)びますよ。
오스스메노 미세와 나라비마스요
추천하는 가게는 줄 서요.

TIP

일본의 식당이나 가게 등에서 お勧(すす)め라고 표시된 간판이나 메뉴를 자주 볼 수 있습니다. 이는 '추천 메뉴'나 '추천 상품' 등을 표시하는 것입니다.

관련표현

☑ 추천하는 가게에 데려가 주세요.

お勧(すす)めの店(みせ)に連(つ)れて行(い)ってください。

오스스메노 미세니 쯔레떼 잇떼 구다사이

☑ 근처의 중화요리점을 추천합니다.

近所(きんじょ)の中華料理屋(ちゅうかりょうりや)がお勧(すす)めです。

긴쬬노 츄-까료-리야가 오스스메데스

☑ 제가 추천하는 가게를 소개하겠습니다.

私(わたし)のお勧(すす)めの店(みせ)を紹介(しょうかい)します。

와따시노 오스스메노 미세오 쇼-까이시마스

☑ 추천하는 가게는 언제나 대기자가 많습니다.

お勧(すす)めの店(みせ)はいつも行列(ぎょうれつ)ができます。

오스스메노 미세와 이쯔모 교-레쯔가 데끼마스

단어

近所(きんじょ) 근처, 부근

中華料理屋(ちゅうかりょうりや) 중화요리점

어떤 지역이나 장소 등의 '근처'라는 뜻으로 近所(きんじょ)가 사용됩니다. 관용적으로 近(ちか)く도 동일하게 '근처' 또는 '주변'이라는 뜻으로 사용됩니다.

대화문

A : 슬슬 점심을 먹을까요?

そろそろお昼(ひる)にしましょう。

소로소로 오히루니 시마쇼–

B : 스즈키 씨, 추천하는 가게가 있습니까?

鈴木(すずき)さん、お勧(すす)めの店(みせ)がありますか。

스즈끼상 오스스메노 미세가 아리마스까

A : 저번 주 제가 먹었던 소고기덮밥 가게를 추천합니다.

先週(せんしゅう)私(わたし)が食(た)べた牛丼(ぎゅうどん)屋(や)さんがお勧(すす)めです。

센슈– 와따시가 다베따 규–동야상가 오스스메데스

B : 소고기덮밥 저도 꼭 먹어 보고 싶습니다.

牛丼(ぎゅうどん)、私(わたし)もぜひ食(た)べてみたいです。

규–동, 와따시모 제히 다베떼 미따이데스

A : 언제나 사람이 많아서 줄을 서지 않으면 안 됩니다.

いつも人(ひと)が多(おお)くて並(なら)ばないといけないですよ。

이쯔모 히또가 오–꾸떼 나라바나이또 이께나이데스요

B : 인기 있는 가게이군요.

人気(にんき)のお店(みせ)なんですね。

닌끼노 오미세난데스네

단어

そろそろ 슬슬, 시간이 다 되어가는 모양

お昼(ひる) 낮, 점심

お勧(すす)め 추천

牛丼(ぎゅうどん) 소고기덮밥

人気(にんき) 인기

~屋さん은 '~를 파는 가게'입니다. 가게의 주요 판매 품목과 함께 사용하는 것으로 '소고기덮밥 가게'는 牛丼(ぎゅうどん)屋(や)さん라고 합니다.

패턴 063

何(なに)が食(た)べたいですか。

나니가 다베따이데스까

'무엇을 먹고 싶습니까?'라는 뜻입니다. 식사를 초대하거나 식사를 주문하는 상황 등에서 상대방에게 원하는 음식 메뉴를 물어볼 때 사용하는 표현입니다.

今日(きょう)はパスタが食(た)べたいです。
쿄-와 파스타가 다베따이데스
오늘은 파스타를 먹고 싶습니다.

栄養(えいよう)のあるものが食(た)べたいです。
에이요-노 아루모노가 다베따이데스
영양가가 있는 음식을 먹고 싶습니다.

今(いま)お腹(なか)がすいているので何(なん)でも食(た)べたいです。
이마 오나까가 스이떼 이루노데 난데모 다베따이데스
지금 배가 고파서 아무거나 먹고 싶습니다.

TIP

栄養(えいよう)のある는 '영양이 있는'이라는 뜻입니다. 한국어의 표현 방법과는 달리 조사 ~の가 사용된다는 것을 알아 두시기 바랍니다. 조사의 활용이 틀리기 쉬운 표현이니 유의하세요.

관련표현

☑ 오늘은 양식을 먹고 싶습니다.

今日(きょう)は洋食(ようしょく)が食(た)べたいです。

쿄-와 요-쇼꾸가 다베따이데스

☑ 몸에 좋은 음식을 먹고 싶습니다.

体(からだ)にいいものが食(た)べたいです。

가라다니 이-모노가 다베따이데스

☑ 저는 영양의 밸런스를 생각해서 먹습니다.

私(わたし)は栄養(えいよう)のバランスを考(かんが)えて食(た)べます。

와따시와 에이요-노 바란스오 강가에떼 다베마스

☑ 뭘 먹고 싶은지 모르겠습니다.

何(なに)が食(た)べたいのかわかりません。

나니가 다베타이노까 와까리마센

단어

洋食(ようしょく) 양식

体(からだ) 몸, 신체

栄養(えいよう) 영양

バランス 밸런스

일반적으로 사람의 '몸'을 말할 때에는 体(からだ)라는 단어를 사용합니다. 다른 표현으로 身体(しんたい)라는 단어도 사용하지만 주로 体(からだ)가 더욱 자주 사용됨을 알아 두시기 바랍니다.

대화문

A : 오늘 점심에 뭘 먹고 싶습니까?

今日のお昼は何が食べたいですか。

쿄–노 오히루와 나니가 다베따이데스까

B : 오늘은 정식을 먹고 싶습니다.

今日は定食が食べたいです。

쿄–와 테–쇼꾸가 다베따이데스

A : 그럼 히가와리 정식을 먹으러 갑시다.

それじゃ日替わり定食を食べに行きましょう。

소레쟈 히가와리 테–쇼꾸오 다베니 이끼마쇼–

B : 히가와리 정식이 뭔가요?

日替わり定食って何ですか。

히가와리 테–쇼꿋떼 난데스까

A : 매일 다른 정식이 나와요.

毎日違う定食が出てくるんです。

마이니찌 찌가우 테–쇼꾸가 데떼꾸룬데스

B : 좋네요. 그걸로 해요.

いいですね。それにします。

이–데스네 소레니 시마스

단어

定食 정식

日替わり 매일 바뀌는

違う 다른

出る 나오다

일본 식당에서 흔히 볼 수 있는 日替わり定食는 매일 메뉴를 바꾸어서 특가로 판매하는 음식으로 한국어로는 '오늘의 정식'으로 표현할 수 있습니다.

得意な料理は何ですか。

토꾸이나 료-리와 난데스까

패턴 064

'잘하는 요리가 뭔가요?'라는 뜻입니다. 상대방에게 즐겨하거나 잘하는 요리를 물어볼 때에 사용하는 표현입니다. 새롭게 만난 사람 등과 친분을 쌓기 위해 필요한 대화 중 하나입니다.

私の得意な料理は唐揚げです。
와따시노 토꾸이나 료-리와 가라아게데스

제가 잘하는 요리는 튀김입니다.

得意ではないんですけどピラフをよく作ります。
토꾸이데와 나인데스께도 피라흐오 요꾸 쯔꾸리마스

잘하진 못하지만 필라프를 자주 만듭니다.

料理は得意ではありません。
료-리와 토꾸이데와 아리마센

요리는 잘 못합니다.

TIP

得意는 어떤 기술이나 능력이 숙련된 '특기' 또는 '매우 잘하는 것'을 뜻합니다. 일본어의 관용적인 표현이므로 표현 방법을 잘 익혀서 상황에 맞도록 사용해 보시기 바랍니다.

Part 07 음식

관련표현

☑ 요리는 잘합니까?

料理(りょうり)は得意(とくい)ですか。

료-리와 토꾸이데스까

☑ 제가 잘하는 요리는 고기 요리입니다.

私(わたし)の得意(とくい)な料理(りょうり)は肉料理(にくりょうり)です。

와따시노 토꾸이나 료-리와 니꾸료-리데스

☑ 잘한다고 말할 수 있을 정도로 잘하진 않습니다.

得意(とくい)だと言(い)えるほど上手(じょうず)ではありません。

토꾸이다또 이에루호도 죠-즈데와 아리마센

☑ 잘한다기보단 요리를 만드는 것을 좋아합니다.

得意(とくい)というより料理(りょうり)を作(つく)るのが好(す)きです。

토꾸이또이우요리 료-리오 쯔꾸루노가 스끼데스

단어

得意(とくい) 능숙, 잘함

肉料理(にくりょうり) 고기요리

作(つく)る 만들다

어떤 것을 '잘한다' 또는 '능숙하다'는 上手(じょうず)라고 합니다.

반대의 뜻을 가진 단어는 下手(へた)입니다.

대화문

A : 야마모토 씨가 잘하는 요리는 무엇입니까?

山本(やまもと)さんの得意(とくい)な料理(りょうり)は何(なん)ですか。

야마모또상노 토꾸이나 료–리와 난데스까

B : 자주 만드는 것은 조림 요리입니다.

よく作(つく)るのは煮物(にもの)です。

요꾸 쯔꾸루노와 니모노데스

A : 일본 요리는 어떤 것이든 만들 수 있습니까?

日本料理(にほんりょうり)は何(なん)でも作(つく)れますか。

니혼료–리와 난데모 쯔꾸레마스까

B : 그러네요. 가끔 한국 요리도 만듭니다.

そうですね。時々(ときどき)韓国料理(かんこくりょうり)も作(つく)ります。

소–데스네 도끼도끼 간꼬꾸료–리모 쯔꾸리마스

A : 예를 들면 어떤 요리입니까?

例(たと)えばどんな料理(りょうり)ですか。

타또에바 돈나 료–리데스까

B : 한국 요리에서 자주 만드는 것은 김치찌개입니다.

韓国料理(かんこくりょうり)でよく作(つく)るのはキムチチゲです。

간꼬꾸 료–리데 요꾸 쯔꾸루노와 키무치치게데스

단어

煮物(にもの) 조림

例(たと)えば 예를 들어

キムチ 김치

チゲ 찌개

例(たと)えば는 '예를 들어'라는 뜻입니다. 구체적인 사례 등을 말할 때에 자주 사용하는 표현입니다.

패턴 065

にほんりょうり　なに　いちばん
日本料理で何が一番好きですか。

니혼료-리데 나니가 이찌방 스끼데스까

'일본 요리 중에 무엇을 가장 좋아합니까?'라는 뜻입니다. 상대방에게 일본 음식 중에서 가장 좋아하는 음식을 물어볼 때에 사용하는 표현입니다. 주위의 지인들과 친분을 쌓기 위해 필요한 대화 중의 하나입니다.

いちばん　すし
一番は寿司ですかね。　**제일은 초밥이려나요.**

이찌방와 스시데스까네

にほん　どんぶりもの
やっぱり日本は丼物でしょう。　**역시 일본은 덮밥이죠.**

얏빠리 니혼와 돈부리모노데쇼-

ひと　えら　むずか
一つ選ぶのは難しいですね。　**한 개 고르는 것은 어렵네요.**

히또쯔 에라부노와 무즈까시-데스네

TIP

일본의 음식 중 丼物(どんぶりもの)는 덮밥 종류 전체를 일컫는 말입니다. 丼(どんぶり)는 덮밥을 담는 그릇을 부르는 말이었으나 덮밥의 재료 등과 함께 관용적으로 사용하게 되었습니다.

관련표현

☑ 제일 좋아하는 일본 요리는 무엇입니까?

いち ばん す　　　に ほん りょう り　　なん
一番好きな日本料理は何ですか。

이찌방 스끼나 니혼료-리와 난데스까

☑ 좋아하는 일본 요리를 하나만 예를 들어 주세요.

す　　　に ほん りょう り　　ひと　　あ
好きな日本料理を一つ挙げてください。

스끼나 니혼료-리오 히또쯔 아게떼 구다사이

☑ 한국 요리에서 가장 좋아하는 것은 무엇입니까?

かん こく りょう り　　いち ばん す　　　　　なん
韓国料理で一番好きなのは何ですか。

간꼬꾸료-리데 이찌방 스끼나노와 난데스까

☑ 제일을 고르는 것은 어렵습니다.

いち ばん　　えら　　　むずか
一番を選ぶのは難しいです。

이찌방오 에라부노와 무즈까시-데스

あ
挙げる는 '팔을 들다', '예를 들다' 또는 '행사를 진행하다'라는 뜻입니다. 위의 예문에서 사용된 것처럼 '사례를 들다'라는 표현 방법은 자주 사용되므로 잘 익혀 두시기 바랍니다.

단어

あ
挙げる 들다

えら
選ぶ 고르다, 선택하다

대화문

A : 야마다 씨는 일본 요리에서 뭘 제일 좋아합니까?

山田さんは日本料理で何が一番好きですか。

야마다상와 니혼료-리데 나니가 이찌방 스끼데스까

B : 제일이요? 어렵네요.

一番ですか。難しいですね。

이찌방데스까 무즈까시-데스네

A : 전 일본 여관서 먹었던 연회음식을 잊지 못해요.

私は日本の旅館で食べた会席料理が忘れられません。

와따시와 니혼노 료깐데 다베따 가이세끼료-리가 와스레라레마센

B : 연회음식 맛있었죠?

会席料理、おいしかったでしょう。

가이세끼료-리 오이시깟따데쇼-

A : 풀코스가 나와서 매우 만족했습니다.

フルコースが出てとても満足でした。

후루코-스가 데떼 도떼모 만조꾸데시다

B : 사계절마다의 식재료를 사용해서 정말 맛있죠.

四季折々の食材を使ってとてもおいしいですよね。

시끼오리오리노 쇼꾸자이오 쯔깟떼 도떼모 오이시-데스요네

단어

旅館 여관

忘る 잊다, 잊어버리다

会席料理 연회음식

フルコース 풀코스

四季 사계절

食材 식재료

会席料理는 '연회음식'이라는 뜻으로 특별한 연회 또는 온천이나 관광지 등에서 고급스럽게 준비된 일본의 정식 요리입니다. 본래 다도와 관련하여 다과회에서 주인이 손님에게 대접하는 요리로, 선사의 오래된 습관인 가이세키에서 그 이름이 유래되었습니다.

お口(くち)に合(あ)いますか。

오꾸찌니 아이마스까

패턴 066

'입맛에 맞습니까?'라는 뜻입니다. 상대방에게 음식이 입에 맞는지를 물어보는 표현입니다.

はい。とてもおいしいです。
하이 도떼모 오이시-데스
네, 매우 맛있습니다.

この料理(りょうり)なかなかいけますね。
고노 료-리 나까나까 이께마스네
이 요리 꽤 괜찮네요.

私(わたし)の口(くち)にはちょっと物足(ものた)りない気(き)がします。
와따시노 구찌니와 춋또 모노타리나이 기가시마스
저의 입맛에는 조금 모자란 느낌이 듭니다.

TIP

口(くち)に合(あ)う는 한국어의 관용적인 표현과도 동일하게 '입맛에 맞다'는 의미로 사용됩니다. 이때 사용되는 한자에 유의하시기 바랍니다.

관련표현

☑ 제가 좋아하는 맛입니다.

私(わたし)好(ごの)みの味(あじ)です。

와따시고노미노 아지데스

☑ 좋아하는 맛입니까?

お好(この)みの味(あじ)ですか。

오꼬노미노 아지데스까

☑ 입에 맞으면 됩니다만.

お口(くち)に合(あ)えばいいのですが。

오꾸찌니 아에바 이—노데스가

☑ 그저 그러네요.

イマイチですね。

이마이찌데스네

단어

好(ごの)み 취향

口(くち)に合(あ)う 입맛에 맞다

イマイチ 그럭저럭, 신통치 않은

好(ごの)み는 어떤 좋아하는 취향을 말할 때 사용하는 표현입니다. 대상이 사물이든 사람이든 사용 가능합니다.

대화문

A : 스즈키 씨 낫또를 좋아합니까?

鈴木(すずき)さん、納豆(なっとう)は好(す)きですか。

스즈끼상 낫또-와 스끼데스까

B : 냄새가 별로여서 먹어본 적이 없습니다.

匂(にお)いがダメで食(た)べたことがありません。

니오이가 다메데 다베따 고또가 아리마센

A : 낫또는 무척 몸에 좋습니다. 여기요.

納豆(なっとう)はとても体(からだ)にいいですよ。どうぞ。

낫또-와 도떼모 가라다니 이-데스요 도-조

B : 그렇다면 먹어 보겠습니다.

それじゃあ食(た)べてみます。

소레쟈- 다베떼 미마스

A : 입맛에 맞습니까?

お口(くち)に合(あ)いますか。

오꾸찌니 아이마스까

B : 의외로 먹을 수 있을지도…

意外(いがい)と食(た)べれるかも…

이가이또 다베레루까모

단어

納豆(なっとう) 낫또, 일본식 청국장

匂(にお)い 냄새

ダメ 불가능, 효과 없음

意外(いがい) 의외

~がダメ는 어떤 것이 불가능하거나 소용없음을 표현합니다. ダメ는 駄目(だめ)라는 한자 또는 히라가나로만 표기하기도 하지만 예능 방송프로그램이나 젊은이들은 카타카나로 표기하기도 합니다.

패턴 067

麺類(めんるい)は好(す)きですか。

멘루이와 스끼데스까

'면류는 좋아하나요?'라는 뜻입니다. 상대방에게 음식 중에서 면류를 좋아하는지 물어볼 때 사용하는 표현입니다. 상대방의 기호에 대해 질문하는 대화 중의 하나입니다.

麺類(めんるい)は何(なん)でも好(す)きです。 **면류는 어떤 것이든 좋아합니다.**

멘루이와 난데모 스끼데스

私(わたし)は一日三食(いちにちさんしょく)、麺(めん)でも大丈夫(だいじょうぶ)です。 **저는 하루 세 끼 면이어도 괜찮습니다.**

와따시와 이찌니찌 산쇼꾸 멘데모 다이죠-부데스

麺(めん)よりご飯(はん)が好(す)きです。 **면보다 밥이 좋습니다.**

멘요리 고항가 스끼데스

TIP

~が好(す)きです는 '~을 좋아합니다'라는 뜻으로 사용하는 표현입니다. 좋아하는 대상을 나타내는 말에 조사 ~が가 사용된다는 것을 알아 두세요.

관련표현

☑ 면류를 자주 먹습니다.

麺類(めんるい)をよく食(た)べます。

멘루이오 요꾸 다베마스

☑ 수타면이 맛있습니다.

手打(てう)ち麺(めん)がおいしいです。

테우찌멘가 오이시-데스

☑ 면은 목 넘김으로 결정됩니다.

麺(めん)はのど越(ご)しで決(き)まります。

멘와 노도고시데 끼마리마스

☑ 저는 면보다 밥 쪽입니다.

私(わたし)は麺(めん)よりご飯党(はんとう)です。

와따시와 멘요리 고항토-데스

단어

麺類(めんるい) 면류

手打(てう)ち麺(めん) 수타면

のど越(ご)し 목 넘김

決(き)まる 결정하다

ご飯党(はんとう) 밥을 선호함

よく食(た)べます는 '자주 먹는다'는 표현입니다. 대화에서 어떤 동작을 자주 한다는 표현을 할 때 동사 앞에 よく를 사용하여 습관적인 동작을 표현하는 방법입니다.

대화문

A : 다나카 씨 면류는 좋아합니까?

田中(たなか)さん、麺類(めんるい)は好(す)きですか。

다나까상 멘루이와 스끼데스까

B : 정말 좋아합니다.

大好物(だいこうぶつ)です。

다이고–부쯔데스

A : 라면, 우동, 소바, 소면, 이것저것이 있습니다만…

ラーメン、うどん、そば、そうめん、いろいろありますけど…

라–멘, 우동, 소바, 소–멘, 이로이로 아리마스께도

B : 수타 라면이죠.

手打(てう)ちラーメンですね。

데우찌 라멘데스네

A : 저는 관동 출신이어서 소바를 자주 먹습니다.

私(わたし)は関東出身(かんとうしゅっしん)なので、そばをよく食(た)べます。

와따시와 칸또– 슛신나노데 소바오 요꾸 다베마스

B : 면은 목 넘김이 좋은 걸로 결정돼요.

麺(めん)は、のど越(ご)しの良(よ)さで決(き)まりですよ。

멘와 노도고시노 요사데 키마리데스요

단어

大好物(だいこうぶつ) 매우 좋아하는 것

ラーメン 라면

うどん 우동

そば 메밀국수

そうめん 소면

大好物(だいこうぶつ)는 '매우 좋아하는 것'을 가리킵니다. 大好(だいす)き는 '매우 좋아하다'라는 뜻으로, 비슷한 한자이지만 발음에 차이가 있습니다.

お腹(なか)はすいてませんか。

오나까와 스이떼마센까

패턴 068

'배는 안 고픈가요?'라는 뜻입니다. 상대방에게 배가 고픈지 질문하는 표현입니다.

お腹(なか)ペコペコです。 배가 너무 고파요.
오나까 뻬꼬뻬꼬데스

お腹(なか)がすいて死(し)にそうです。 배가 고파서 죽을 것 같아요.
오나까가 스이떼 시니소-데스

今(いま)はまだ大丈夫(だいじょうぶ)です。 지금은 아직 괜찮아요.
이마와 마다 다이죠-부데스

TIP

ペコペコ는 배가 몹시 고픈 상태를 나타내는 말입니다. 이처럼 일본어에서 관용적으로 사용되는 의성어의 표현은 일상생활에서 자주 사용되는 표현이므로 발음과 사용방법에 유의하세요.

관련표현

☑ 배고파요.

腹(はら)ペコです。

하라뻬꼬데스

☑ 배가 고파서 제 배에서 꼬르륵 소리가 나요.

お腹(なか)がすいて私(わたし)のお腹(なか)がグーグー鳴(な)っています。

오나까가 스이떼 와따시노 오나까가 구-구- 낫떼 이마스

☑ 배와 등이 달라붙을 것 같아요.

お腹(なか)と背中(せなか)がくっつきそうです。

오나까또 세나까가 굿쯔끼소-데스

☑ 지금은 아직 참을 수 있어요.

今(いま)はまだ我慢(がまん)できます。

이마와 마다 가만데끼마스

단어

お腹(なか)がすく 배고프다

グーグー鳴(な)る 꼬르륵 소리가 나다

背中(せなか) 등

くっつく 딱 달라붙다

我慢(がまん)する 참다

我慢(がまん)은 '참다' 또는 '견디다'라는 뜻입니다. 이는 어떤 대상이나 상황을 스스로 제어한다는 뜻으로 사용됩니다.

대화문

A : 야마모토 씨, 배는 안 고프세요?

山本(やまもと)さん、お腹(なか)はすいていませんか。

야마모또상 오나까와 스이떼 이마센까

B : 배고파요.

すいてます。

스이떼마스

A : 식사 좀 하고 가실까요?

ちょっと食(た)べて行(い)きませんか。

춋또 다베떼 이끼마센까

B : 좋아요.

いいですね。

이-데스네

A : 저기 패밀리 레스토랑에 들어가요.

あそこのファミレスに入(はい)りましょう。

아소꼬노 화미레스니 하이리마쇼-

B : 패밀리 레스토랑 오랜만이에요.

ファミレス、久(ひさ)しぶりです。

화미레스 히사시부리데스

단어

ファミレス 패밀리 레스토랑

入(はい)る 들어가다

ファミレス는 ファミリーレストラン의 줄임말입니다. 일본인은 긴 외래어를 줄여서 사용하는 경우가 많습니다. アルバイト→バイト(아르바이트), スマートホン→スマホ(스마트폰), インターネット→ネット(인터넷) 등의 다양한 예를 기억하세요.

패턴
069

一日三食(いちにちさんしょく)、食(た)べますか。

이찌니찌 산쇼꾸 다베마스까

'하루 세 끼를 드시나요?'라는 뜻입니다. 상대방에게 일상생활의 습관의 하나인 식사 습관을 물어볼 때에 사용하는 표현입니다. 새롭게 만난 사람 등과 친분을 쌓기 위해 필요한 대화 중의 하나입니다.

はい。一日三食(いちにちさんしょく)きちんと食(た)べます。
하이 이찌니찌산쇼꾸 끼찡또 다베마스
네. 하루 세 끼를 꼬박꼬박 먹습니다.

忙(いそが)しいときは別(べつ)として普段(ふだん)は一日三食(いちにちさんしょく)ですね。
이소가시― 도끼와 베쯔또 시떼 후단와 이찌니찌 산쇼꾸데스네
바쁠 때는 제외하고 보통은 하루 세 끼를 먹습니다.

今(いま)ダイエットをしているので一日一食(いちにちいっしょく)です。
이마 다이엣또오 시떼 이루노데 이찌니찌 잇쇼꾸데스
지금 다이어트를 하고 있어서 하루 한 끼를 먹습니다.

TIP

~は別(べつ)としては '~은 제외하고'라는 뜻으로 어떤 내용에 대해 예외적인 사항을 말할 때 사용하는 관용적인 표현 방법입니다.

관련표현

☑ 하루 세 끼를 먹는 것이 당연합니다.

一日三食(いちにちさんしょく)食(た)べるのが当(あ)たり前(まえ)です。

이찌니찌 산쇼꾸 타베루노가 아따리마에데스

☑ 하루 세 끼를 꼬박꼬박 먹는 것은 어렵습니다.

一日三食(いちにちさんしょく)きちんと食(た)べるのは難(むずか)しいです。

이찌니찌 산쇼꾸 끼찐또 다베루노와 무즈까시-데스

☑ 좋은지 나쁜지는 제외하고 하루 한 끼밖에 안 먹습니다.

いいか悪(わる)いかは別(べつ)として一日一食(いちにちいっしょく)しか食(た)べません。

이-까 와루이까와 베쯔또시떼 이찌니찌 잇쇼꾸시까 다베마센

☑ 하루 세 끼 먹어도 다이어트는 가능합니다.

一日三食(いちにちさんしょく)食(た)べてもダイエットはできます。

이찌니찌 산쇼꾸 다베떼모 다이엣또와 데끼마스

단어

当(あ)たり前(まえ) 당연함, 마땅함

ダイエット 다이어트

명사와 함께 ~しか를 사용하면 해당 명사를 한정적인 의미로 하여 '~밖에' 또는 '~뿐'이라는 뜻을 가집니다.

대화문

A : 아먀모토 씨는 하루 세 끼를 먹습니까?

山本(やまもと)さんは一日(いちにち)三食(さんしょく)食(た)べますか。

야마모또상와 이찌니찌 산쇼꾸 다베마스까

B : 그게 아침은 바빠서 안 먹고 출근합니다.

それが朝(あさ)は忙(いそが)しいので食(た)べないで出勤(しゅっきん)します。

소레가 아사와 이소가시−노데 다베나이데 슛낀시마스

A : 아침은 시간의 여유가 없지요.

朝(あさ)は時間(じかん)の余裕(よゆう)がないですよね。

아사와 지깐노 요유−가 나이데스요네

B : 가볍게 먹을 수 있으면 좋은데 말이죠.

軽(かる)く食(た)べれるといいんですけど。

가루꾸 다베레루또 이인데스께도

A : 과일 같은 건 어때요?

果物(くだもの)なんかどうですか。

구다모노난까 도−데스까

B : 이제부터 노력해 볼게요.

これから努力(どりょく)してみます。

고레까라 도료꾸시떼 미마스

단어

出勤(しゅっきん)する 출근하다

余裕(よゆう) 여유

軽(かる)く 가볍게, 부담없이

果物(くだもの) 과일

努力(どりょく) 노력

어떤 것을 '노력하다'라는 표현은 努力(どりょく)する가 사용되지만 관용적인 표현으로 頑張(がんば)る도 자주 사용합니다. 두 가지 모두 일상에서 자주 사용하는 표현입니다.

好き嫌いはありますか。

스끼기라이와 아리마스까

패턴 070

'좋고 싫음이 있습니까?'라는 뜻입니다. 식사를 초대하거나 식사를 주문하는 상황 등에서 상대방에게 원하는 음식의 메뉴를 물어볼 때 사용할 수 있는 표현입니다.

私は好き嫌いなく何でも食べます。
와따시와 스끼기라이나꾸 난데모 다베마스

저는 가리는 것이 없이 뭐든지 먹습니다.

嫌いなものが少しあります。
기라이나 모노가 스꼬시아리마스

싫어하는 것이 조금 있습니다.

私は好き嫌いが多い方です。
와따시와 스끼기라이가 오-이 호-데스

저는 가리는 것이 많은 편입니다.

TIP

好き嫌いなくは '좋아하다'라는 好き와 '싫어하다'라는 嫌い의 상반되는 단어가 결합하여 두 가지 상황을 모두 포함하는 뜻을 가지는 단어로 사용됩니다. 한국어와 다른 관용적인 표현이므로 사용방법에 유의하시고 상황에 맞도록 사용해 보시기 바랍니다.

관련표현

☑ 편식하는 편입니다.

偏食する方です。

헨쇼꾸스루 호-데스

☑ 먹을 때와 먹지 않을 때가 있습니다.

食べムラがある。

다베무라가 아루

☑ 좋고 싫음이 심하다.

好き嫌いが激しい。

스끼기라이가 하게시-

☑ 좋고 싫음이 분명합니다.

好き嫌いがはっきりしています。

스끼기라이가 핫끼리시떼 이마스

단어

偏食(へんしょく) 편식

食(た)べムラ 먹을 때와 먹지 안을 때가 있음

激(はげ)しい 심한, 격한

好(す)き嫌(きら)い 좋고 싫음

はっきり 확실히, 분명히

激(はげ)しい는 어떤 상황이나 행동이 격하거나 변화가 심함을 나타낼 때에 사용되는 표현입니다. 기복이 심하거나 차이가 심한 상태를 말합니다.

대화문

A : 야마다 씨, 좋고 싫음이 있습니까?

山田(やまだ)さん、好(す)き嫌(きら)いはありますか。

야마다상 스끼기라이와 아리마스까

B : 저는 피망을 싫어합니다.

私(わたし)はピーマンが苦手(にがて)です。

와따시와 피–망가 니가떼데스

A : 다른 야채는 어떻습니까?

他(ほか)の野菜(やさい)はどうですか。

호까노 야사이와 도–데스까

B : 샐러리도 안 먹습니다.

セロリもダメですね。

세로리모 다메데스네

A : 몇 가지가 있네요.

いくつかあるんですね。

이꾸쯔까 아룬데스네

B : 빨리 극복하고 싶어요.

早(はや)く克服(こくふく)したいです。

하야꾸 고꾸후꾸시따이데스

단어

ピーマン 피망

野菜(やさい) 야채

セロリ 샐러리

いくつか 몇 개, 수 개

克服(こくふく) 극복

食(た)べムラ는 먹을 때와 먹지 않을 때가 있다는 뜻입니다. 이때 사용되는 ムラ는 斑(むら)를 카타카나로 표현한 것으로 얼룩과 같이 한결같이 못한 것을 나타내는 뜻을 가지고 있습니다.

복습하기 [패턴 061-070] 음식

★ 061 매운 것은 괜찮습니까?

辛(から)いのは大丈夫(だいじょうぶ)ですか。

가라이노와 다이죠–부데스까

★ 062 추천하는 가게가 있습니까?

お勧(すす)めの店(みせ)がありますか。

오스스메노 미세가 아리마스까

★ 063 무엇을 먹고 싶습니까?

何(なに)が食(た)べたいですか。

나니가 다베따이데스까

★ 064 잘하는 요리가 뭔가요?

得意(とくい)な料理(りょうり)は何(なん)ですか。

토꾸이나 료–리와 난데스까

★ 065 일본 요리 중에 무엇을 가장 좋아합니까?

日本料理(にほんりょうり)で何(なに)が一番(いちばん)好(す)きですか。

니혼료–리데 나니가 이찌방 스끼데스까

★ 066 입맛에 맞습니까?

お口(くち)に合(あ)いますか。

오꾸찌니 아이마스까

★ 067 면류는 좋아하나요?

麺類(めんるい)は好(す)きですか。

멘루이와 스끼데스까

★ 068 배는 안 고픈가요?

お腹(なか)はすいてませんか。

오나까와 스이떼마센까

★ 069 하루 세 끼를 드시나요?

一日(いちにち)三食(さんしょく)、食(た)べますか。

이찌니찌 산쇼꾸 다베마스까

★ 070 좋고 싫음이 있습니까?

好(す)き嫌(きら)いはありますか。

스끼기라이와 아리마스까

Part 08

부탁/요청

패턴
071

荷物を預けたいんですが。

니모쯔오 아즈께따인데스가

'짐을 맡기고 싶습니다만..'이라는 뜻입니다. 호텔이나 공항 등에서 자신의 화물을 맡기고자 할 경우에 사용하는 표현입니다. 형태는 질문이 아니지만 돌려서 질문하는 일본어 어법입니다.

ではこちらでお預かりいたします。
데와 고찌라데 오아즈까리이따시마스

그럼, 여기서 맡겨 드리겠습니다.

コインロッカーをご利用ください。
코인롯카-오 고리요- 구다사이

코인 로커를 이용해 주세요.

どの荷物をお預けになりますか。
도노 니모쯔오 오아즈케니 나리마스까

어느 짐을 맡기실 건가요?

TIP

では는 특히 문장의 맨 앞에 사용하여 '그렇다면' 또는 '그러면'이라는 뜻으로 사용됩니다. それでは와 동일한 뜻입니다.

관련표현

☑ 짐을 보관해 주실 수 있나요?

荷物を保管してもらえますか。

니모쯔오 호깐시떼 모라에마스까

☑ 짐을 맡겨 주시겠습니까?

荷物を預かってもらえますか。

니모쯔오 아즈깟떼 모라에마스까

☑ 짐은 어디에 맡기면 됩니까?

荷物はどこに預けたらいいですか。

니모쯔와 도꼬니 아즈께따라 이-데스까

☑ 코인 로커는 어디에 있습니까?

コインロッカーはどこにありますか。

코인롯까-와 도꼬니 아리마스까

단어

保管する 보관하다

預かる 맡다, 보관하다

預ける 맡기다, 위탁하다

コインロッカー 코인 로커

荷物는 '화물'이나 '짐'을 말합니다. 이는 어떤 크기나 종류에 상관없이 사용되는 말이나 작은 '화물'이나 '짐'을 말할 때에는 手荷物라는 표현도 사용합니다.

대화문

A : 다나카 씨, 수화물이 많네요.

田中(たなか)さん、手荷物(てにもつ)が多(おお)いですね。

다나까상 테니모쯔가 오-이데스네

B : 맞아요. 수화물을 맡기고 싶은데요.

そうなんです。荷物(にもつ)を預(あず)けたいんですが。

소-난데스 니모쯔오 아즈께따인데스가

A : 저기에 코인 로커가 있어요.

あそこにコインロッカーがありますよ。

아소꼬니 코인롯카-가 아리마스요

B : 맡기는 짐의 크기에 따라 요금이 다르군요.

預(あず)ける荷物(にもつ)の大(おお)きさで料金(りょうきん)が違(ちが)うんですね。

아즈께루 니모쯔노 오-끼사데 료-낀가 찌가운데스네

A : 다나카 씨 것은 소형 300엔으로 괜찮을 것 같습니다.

田中(たなか)さんのは小型(こがた)300円(えん)で大丈夫(だいじょうぶ)そうですよ。

다나까상노와 고가따 산뱌꾸엔데 다이죠-부소-데스요

B : 도움이 되었습니다.

助(たす)かりました。

다스까리마시다

단어

手荷物(てにもつ) 수화물, 작은 짐

料金(りょうきん) 요금

小型(こがた) 소형

助(たす)かる 도움이 되다

일본의 공항이나 역에서 흔히 볼 수 있는 コインロッカー는 '보관함'이라고 할 수 있습니다. 크기에 따라서 요금이 다르게 설정이 되어 있어 이용자들의 상황에 맞추어 이용할 수 있는 장점이 있습니다.

小銭(こぜに)ありますか。

고제니 아리마스까

패턴 072

'동전이 있습니까?'라는 뜻입니다. 상점이나 가게 등에서 잔돈이 필요한 경우에 사용하는 표현입니다.

そこに両替機(りょうがえき)がありますよ。 저기에 환전기가 있어요.

소꼬니 료-가에끼가 아리마스요

今(いま)、持(も)ち合(あ)わせていません。 지금, 가지고 있지 않아요.

이마 모찌아와세떼 이마센

少(すこ)しならあります。 조금이라면 있습니다.

스꼬시나라 아리마스

TIP

일본의 일상생활 속에서 동전을 사용하는 경우가 많이 있습니다. 자동판매기나 무인 판매점 등이 많이 있어 동전을 바꿀 수 있는 両替機(りょうがえき)를 자주 볼 수 있습니다.

관련표현

☑ 동전이 있습니까?

細(こま)かいお金(かね)がありますか。

고마까이 오까네가 아리마스까

☑ 지폐밖에 없습니다.

お札(さつ)しかありません。

오사쯔시까 아리마센

☑ 환전해서 동전을 만듭니다.

両替(りょうがえ)して小銭(こぜに)を作(つく)ります。

료-가에시떼 고제니오 쯔꾸리마스

☑ 동전이 필요합니다.

小銭(こぜに)が必要(ひつよう)です。

고제니가 히쯔요-데스

단어

細(こま)かい 작은, 미세한

お札(さつ) 지폐

小銭(こぜに) 동전

作(つく)る 만들다

일본은 한국과는 달리 동전을 많이 사용합니다. 1엔의 동전도 자주 사용되므로 동전 지갑을 사용하는 사람들도 많이 있습니다. 小銭(こぜに)を作(つく)る는 '동전을 준비한다'는 뜻으로 사용된다는 것을 참고해 두시기 바랍니다.

대화문

A : 스즈키 씨, 동전 있습니까?

鈴木(すずき)さん、小銭(こぜに)ありますか。

스즈끼상 고제니 아리마스까

B : 저는 카드를 써서 동전을 가지고 다니지 않습니다.

私(わたし)はカードを使(つか)うので小銭(こぜに)は持(も)ち歩(ある)きません。

와따시와 카–도오 쯔까우노데 고제니와 모찌아루키마센

A : 오늘 동전 지갑을 집에 놓고 와 버렸습니다.

今日(きょう)小銭入(こぜにい)れを家(うち)に忘(わす)れてきてしまいました。

쿄– 고제니이레오 우찌니 와스레떼 끼떼시마이마시다

B : 저기에 환전기가 있어요.

あそこに両替機(りょうがえき)がありますよ。

아소꼬니 료–가에끼가 아리마스요

A : 그러면, 저기서 돈을 바꿔 올게요.

それじゃあ、あそこでお金(かね)を崩(くず)してきます。

소레쟈– 아소꼬데 오까네오 구즈시떼 끼마스

B : 여기서 기다릴게요.

ここで待(ま)ってますね。

고코데 맛떼마스네

단어

持(も)ち歩(ある)く 가지고 다니다

小銭入(こぜにい)れ 동전지갑

崩(くず)す 무너뜨리다, 잔돈으로 바꾸다

待(ま)つ 기다리다

'잔돈'은 小銭(こぜに)라고 하며, 細(こま)かいお金(かね)도 같은 뜻입니다.

패턴
073

どう行(い)ったらいいですか。

도-잇따라 이-데스까

'어떻게 가면 됩니까?'라는 뜻입니다. 상대방에게 목적지 등으로 가는 방법을 질문할 때 사용하는 표현입니다.

私(わたし)が案内(あんない)します。

와따시가 안나이시마스

제가 안내할게요.

タクシーに乗(の)ったら確実(かくじつ)に着(つ)きますよ。

타쿠시-니 놋따라 가꾸지쯔니 쯔끼마스요

택시를 타면 확실하게 도착합니다.

道(みち)が混(こ)むので地下鉄(ちかてつ)で行(い)くのがお勧(すす)めです。

미찌가 고무노데 찌까테쯔데 이꾸노가 오스스메데스

길이 막히니까 지하철로 가는 걸 추천해요.

TIP

어떤 목적지에 도착하는 것은 着(つ)く라는 단어를 사용합니다. 이는 도착지를 의미하는 단어와 함께 사용한다는 것을 기억하세요.

관련표현

☑ 길을 알려 주세요.

道(みち)を教(おし)えてください。

미찌오 오시에떼 구다사이

☑ 저기를 우회전합니까, 아니면 좌회전합니까?

あそこを右(みぎ)に曲(ま)がりますか、それとも左(ひだり)に曲(ま)がりますか。

아소꼬오 미기니 마가리마스까 소레또모 히다리니 마가리마스까

☑ 이 길을 쭉 가세요.

この道(みち)をまっすぐ行(い)ってください。

고노 미찌오 맛스구 잇떼 구다사이

☑ 이대로 쭉 직진하면 목적지가 보일 거예요.

このまままっすぐ進(すす)んだら目的地(もくてきち)が見(み)えてきますよ。

고노마마 맛스구 스슨다라 모꾸떼끼치가 미에떼끼마스요

단어

右(みぎ) 오른쪽

曲(ま)がる 굽다, 휘어지다

左(ひだり) 왼쪽

まっすぐ 바로, 곧장

目的地(もくてきち) 목적지

운전을 할 때나 방향을 이야기할 때 사용되는 표현으로 右(みぎ)に曲(ま)がり는 '우회전'을, 左(ひだり)に曲(ま)がり는 '좌회전'을 의미합니다.

대화문

A : 야마모토 씨의 댁은 어떻게 가면 됩니까?

山本(やまもと)さんのお宅(たく)はどう行(い)ったらいいですか。

야마모또상노 오타꾸와 도-잇따라 이-데스까

B : 여기서부터 10분 정도입니다만.

ここから10分(ぷん)くらいですけど。

고꼬까라 쥿뿐구라이데스께도

A : 야마모토 씨의 댁은 처음이라서 잘 몰라서요.

山本(やまもと)さんのお宅(たく)は初(はじ)めてなのでよくわからなくて。

야마모또상노 오타꾸와 하지메떼나노데 요꾸 와까라나꾸떼

B : 제가 안내할게요.

私(わたし)が案内(あんない)しますよ。

와따시가 안나이시마스요

A : 택시를 타나요?

タクシーに乗(の)りますか。

타꾸시-니 노리마스까

B : 제 차로 갑시다.

私(わたし)の車(くるま)で行(い)きましょう。

와따시노 구루마데 이끼마쇼-

단어

お宅(たく) 댁

初(はじ)め 처음, 시작

案内(あんない) 안내

乗(の)る 타다, 탑승하다

お宅(たく)는 상대방의 집을 높여 부르는 말입니다. 또한, 친분관계가 많지 않은 상대방을 높여 부를 때에도 お宅(たく)를 사용합니다.

送(おく)ってもらえますか。

오꿋떼 모라에마스까

패턴 074

'바래다 주실래요?'라는 뜻입니다. 상대방에게 목적지 등으로 자신을 보내 주길 요청할 때 사용하는 공손한 표현입니다.

もし近(ちか)くまでなら送(おく)っていけます。

모시 찌까꾸마데나라 오꿋떼 이께마스

만약 근처까지라면 바래다 줄 수 있습니다.

バス停(てい)まで送(おく)りますね。

바스테-마데 오꾸리마스네

버스 정류장까지 바래다 드릴게요.

僕(ぼく)の車(くるま)でお送(おく)りします。

보끄노 구루마데 오-꾸리시마스

저의 차로 모셔드리겠습니다.

TIP

もし~なら는 '만약 ~하면'이라는 뜻으로 어떤 사실이나 내용을 가정하여 사용하는 표현입니다.

관련표현

☑ 배웅해 주시겠어요?

送迎(そうげい)してくれますか。

소-게-시떼 꾸레마스까

☑ 공항까지 바래다 드리겠습니다.

空港(くうこう)までお送(おく)りします。

구-꼬-마데 오-꾸리시마스

☑ 마중 와 줄 수 있나요?

迎(むか)えに来(き)てもらえますか。

무까에니 끼떼 모라에마스까

☑ 역까지 바래다 주었으면 좋겠습니다만…

駅(えき)まで送(おく)ってほしいのですが…

에끼마데 오꿋떼호시-노데스가

어떤 사람을 배웅하는 표현은 送(おく)り라고 하고 마중을 하는 것을 迎(むか)え라고 합니다. 예를 들어 아이를 학교에 보내 주고 마중을 가는 것을 送(おく)り迎(むか)え라고 합니다.

단어

送迎(そうげい) 배웅

空港(くうこう) 공항

대화문

A : 오늘부터 여행인가요?

今日(きょう)から旅行(りょこう)ですか。

쿄-까라 료꼬-데스까

B : 네. 죄송합니다만 공항까지 바래다 주실래요?

はい。申(もう)し訳(わけ)ないのですが空港(くうこう)まで送(おく)ってもらえますか。

하이 모-시와께나이노데스가 구-꼬-마데 오꿋떼 모라에마스까

A : 공항버스 정류장까지라면 괜찮아요.

空港(くうこう)バス乗(の)り場(ば)までだったらいいですよ。

구-꼬-바스노리바마데닷따라 이-데스요

B : 공항버스를 타고 공항까지 얼마나 걸립니까?

空港(くうこう)バスに乗(の)って空港(くうこう)まではどのくらいかかりますか。

구-꼬-바스니 놋떼 구-꼬-마데와 도노구라이 가까리마스까

A : 40분이면 도착할 거라고 생각합니다만.

40分(ぷん)で着(つ)くと思(おも)いますけど。

욘줏뿐데 쯔꾸또 오모이마스께도

B : 그럼 버스 정류장까지 잘 부탁합니다.

じゃあ、バス乗(の)り場(ば)まで、よろしくお願(ねが)いします。

쟈 바스노리바마데 요로시꾸 오네가이시마스

일반적으로 '~해 주세요'는 ~してください라는 표현을 사용하지만 상대방에게 부드럽게 부탁하는 경우에는 ~してもらえますか라는 표현을 사용합니다.

단어

旅行(りょこう) 여행

申(もう)し訳(わけ)ない 면목 없는, 송구한

バス乗(の)り場(ば) 버스 정류장

패턴
075

もう一度(いちど)言(い)ってくださいますか。

모– 이찌도 잇떼 구다사이마스까

'한 번 더 말해 주시겠어요?'라는 뜻입니다. 상대방에게 이전에 말했던 내용을 재차 요청할 때에 사용하는 표현입니다.

わかりました。　알겠습니다.
와까리마시다

では、もう一度(いちど)言(い)います。　그럼 한 번 더 말하겠습니다.
데와 모– 이찌도 이–마스

今度(こんど)はよく聞(き)いてくださいね。　이번에는 잘 들어주세요.
곤도와 요꾸 끼–떼 구다사이네

TIP

상대방의 요구나 전달 사항을 이해한 경우에 わかりました라고 합니다만 직장이나 비즈니스 관계에서는 かしこまりました라고 하는 것을 자주 듣습니다. 이는 상대방의 의사 또는 요구를 정확히 이해하고 수행하겠다는 의미로 상대방을 높여주는 '잘 알겠습니다'라는 뜻입니다.

관련표현

☑ 한 번 더 말해줄 수 있나요?

もう一度(いちど)言(い)ってもらえますか。

모- 이찌도 잇떼 모라에마스까

☑ 다시 한번 더 말씀해 주세요.

もう一度(いちど)おっしゃってください。

모- 이찌도 옷샷떼 구다사이

☑ 한 번 더 말할 테니 잘 들어주세요.

もう一度(いちど)言(い)いますので、よく聞(き)いてください。

모- 이찌도 이-마스노데 요꾸 끼-떼 구다사이

☑ 다시 한번 더 말씀드리겠습니다.

もう一度(いちど)言(い)わせてもらいます。

모- 이찌도 이와세떼 모라이마스

단어

もう 벌써, 더

言(い)う 말하다

聞(き)く 듣다

おっしゃる 말씀하다

もう一度(いちど)는 '한 번 더'라는 뜻으로 회화에서 자주 사용되는 표현입니다. 어떤 상황을 강조하거나 상대방에게 요청할 때 등의 상황에서 자주 사용될 수 있습니다.

대화문

A : 내일 회의 자료를 오늘 중으로 준비해 주세요.

明日(あした)の会議(かいぎ)の資料(しりょう)を今日中(きょうじゅう)に準備(じゅんび)してください。

아시따노 가이기노 시료–오 쿄–쥬–니 쥰비시떼 구다사이

B : 죄송합니다. 한 번 더 말해 주시겠어요?

すみません。もう一度(いちど)言(い)ってくださいますか。

스미마센 모– 이찌도 잇떼 구다사이마스까

A : 조금 빨랐나요?

少(すこ)し早(はや)かったですか。

스꼬시 하야깟따데스까

B : 저는 아직 일본어를 잘 모르겠어요.

私(わたし)はまだ日本語(にほんご)がよくわかりません。

와따시와 마다 니혼고가 요꾸 와까리마센

A : 다음부터 신경 써서 말할게요.

今度(こんど)から気(き)を付(つ)けて話(はな)しますね。

곤도까라 키오 쯔께떼 하나시마스네

B : 잘 부탁합니다.

よろしくお願(ねが)いします。

요로시꾸 오네가이시마스

気(き)を付(つ)けて는 '조심해서'라는 뜻입니다. 어떤 행동에 대해서 '조심하라' 또는 '주의하라'는 뜻으로 사용합니다만 보통 헤어질 때에도 인사로 사용하는 경우가 있습니다

단어

- 会議(かいぎ) 회의
- 資料(しりょう) 자료
- 今日中(きょうじゅう) 오늘 중
- 準備(じゅんび) 준비
- 気(き)を付(つ)けて 조심해서

写真(しゃしん)を一枚(いちまい)撮(と)ってくださいますか。

샤신오 이찌마이 돗떼 구다사이마스까

패턴 076

'사진 한 장 찍어 주시겠어요?'라는 뜻입니다. 관광지 등의 장소에서 타인이나 지인에게 사진을 찍어 줄 것을 부탁할 때에 사용하는 표현입니다.

いいですよ。 좋아요.
아-데스요

どこで撮(と)りましょうか。 어디서 찍을까요?
도꼬데 도리마쇼-까

なかなか良(い)い風景(ふうけい)ですね。 꽤 좋은 풍경이네요.
나까나까 이- 후-께-데스네

TIP

なかなか는 '상당히' 또는 '매우' 라는 뜻으로 어떤 내용이나 상황 등의 상태를 강조할 때에 사용하는 표현입니다. 특히 함께 사용되는 형용사 또는 형용동사를 강조합니다.

관련표현

☑ 사진 한 장 찍어 주겠습니까?

写真(しゃしん)一枚(いちまい)撮(と)ってもらっていいですか。

샤신 이찌마이 돗떼 모랏떼 이-데스까

☑ 카메라의 셔터를 눌러 주겠습니까?

カメラのシャッターを押(お)してもらえますか。

카메라노 샷따-오 오시떼 모라에마스까

☑ 사진 한 장 부탁하고 싶은데요.

写真(しゃしん)一枚(いちまい)お願(ねが)いしたいんですけど…

샤신 이찌마이 오네가이시따인데스께도

☑ 어디를 배경으로 찍을까요?

どこをバックに撮(と)りますか。

도꼬오 밧꾸니 도리마스까

단어

写真(しゃしん) 사진

撮(と)る 사진을 찍다

カメラ 카메라

シャッター 셔터

バック 뒤, 배경

상대방에게 사진을 찍어 주기를 부탁할 때에 사용하는 표현인 撮(と)ってもらう는 수동형으로 표현합니다. 주로 상대방에게 양해를 구할 때에는 수동형의 표현으로 사용한다는 것을 알아 두시기 바랍니다.

대화문

A : 오늘은 후지산이 잘 보이네요.

今日(きょう)は富士山(ふじさん)がよく見(み)えますね。

쿄–와 후지산가 요꾸 미에마스네

B : 구름 한 점 없는 좋은 날씨네요.

雲(くも)ひとつないいいお天気(てんき)です。

구모 히또쯔나이 이– 오텐끼데스

A : 사진을 한 장 찍어 주시겠어요?

写真(しゃしん)を一枚(いちまい)撮(と)ってくださいますか。

샤신오 이찌마이 돗떼 구다사이마스까

B : 아, 좋아요.

あ、いいですよ。

아 이–데스요

A : 후지산을 배경으로 넣어 주세요.

富士山(ふじさん)をバックに入(い)れてください。

후지산오 밧꾸니 이레떼 구다사이

B : 알겠습니다.

了解(りょうかい)です。

료–까이데스

단어

富士山(ふじさん) 후지산

雲(くも) 구름

了解(りょうかい) 양해

'산'은 일본어로 山(やま)라고 합니다. 하지만 위의 본문에 있는 고유명사 富士山(ふじさん)과 같은 경우에는 ふじやま라고 읽지 않습니다.

패턴

077

席(せき)を変(か)わってもらえますか。

세끼오 가왓떼 모라에마스까

'자리를 바꿔 줄 수 있나요?'라는 뜻입니다. 극장이나 식당 등에서 상대방에게 자리를 바꿔 줄 것을 정중하게 부탁할 때에 사용하는 표현입니다.

ここでよかったら、どうぞ。

고꼬데 요깟따라 도-조

여기라도 괜찮으시면 여기요.

えっと、お宅(たく)の席(せき)はどこですか。

엣또 오타꾸노 세끼와 도꼬데스까

저기, 당신의 자리는 어디인가요?

家族(かぞく)で座(すわ)っているのでちょっと…

가조꾸데 스왓떼 이루노데 춋또

가족과 같이 앉아 있어서 좀…

TIP

よかったら는 '괜찮으시다면'이라는 뜻으로, 상대방의 입장을 생각하여 표현하는 방법입니다.

관련표현

☑ 자리를 양보해 줄 수 있나요?

席(せき)を譲(ゆず)ってもらえますか。

세끼오 유즛떼 모라에마스까

☑ 자리 번호는 몇 번입니까?

席(せき)の番号(ばんごう)は何番(なんばん)ですか。

세끼노 방고-와 난방데스까

☑ 장소를 바꿔 줄래요?

場所(ばしょ)を変(か)わってもらえますか。

바쇼오 가왓떼 모라에마스까

☑ 혼자 앉으십니까?

一人(ひとり)でお座(すわ)りですか。

히또리데 오스와리데스까

단어

席(せき) 자리, 좌석

譲(ゆず)る 양보하다

場所(ばしょ) 장소

変(か)わる 바꾸다

座(すわ)る 앉다

상대방에게 '번호가 몇 번인지'를 물어보는 표현인 何番(なんばん)ですか는 일반적인 번호를 묻거나 순서 등을 질문할 때에 자주 사용하는 말입니다.

대화문

A : 스즈키 씨, 저기에 앉아요.

鈴木(すずき)さん、あそこに座(すわ)りましょう。

스즈끼상 아소꼬니 스와리마쇼–

B : 분위기 좋은 레스토랑이네요.

雰囲気(ふんいき)のいいレストランですね。

훈이끼노 이– 레스토랑데스네

A : 창문으로 바깥 경치가 잘 보여요.

窓(まど)から外(そと)の景色(けしき)がよく見(み)えますよ。

마도까라 소또노 게시끼가 요꾸 미에마스요

B : 자리를 바꿔 줄 수 있나요?

席(せき)を変(か)わってもらえますか。

세끼오 가왓떼 모라에마스까

A : 여기요.

どうぞ。

도–조

B : 창문으로 보는 풍경이 무척 예쁘네요.

窓(まど)から見(み)える風景(ふうけい)がとても素敵(すてき)ですね。

마도까라 미에루 후–케–가 도떼모 스떼끼데스네

단어

雰囲気(ふんいき) 분위기

窓(まど) 창, 창문

外(そと) 밖

景色(けしき) 경치

風景(ふうけい) 풍경

景色(けしき)는 '경치, 경관'이라는 뜻이며 風景(ふうけい)은 '풍경'이라는 뜻으로, 비슷한 개념으로 자주 사용되는 표현입니다.

部屋(へや)は空(あ)いてますか。

헤야와 아이떼마스까

패턴 078

'방은 비어 있나요?'라는 뜻입니다. 호텔 등의 숙박지에서 빈방이 있는지를 질문하는 표현입니다. 일상에서 자주 사용하는 표현이므로 표현 방법을 잘 익혀서 상황에 맞도록 잘 사용해 보시기 바랍니다.

只今満室(ただいままんしつ)です。 **지금 만실입니다.**

타다이마 만시쯔데스

何名様(なんめいさま)ですか。 **몇 분이신가요?**

난 메-사마데스까

少(すこ)しお待(ま)ちいただけますか。 **잠시 기다려 주시겠습니까?**

스꼬시 오마찌 이따다께마스까

TIP

只今(ただいま)는 '지금'을 나타내는 말로서 현시점을 정확하게 표현할 때에 사용되는 관용적인 표현입니다. 격식이 있는 표현이며, 행사장 같은 곳에서도 자주 사용되는 표현입니다.

관련표현

☑ 빈방이 있습니까?

空(あ)き部屋(べや)がありますか。

아끼베야가 아리마스까

☑ 방을 찾고 있는데요.

部屋(へや)を探(さが)しているんですが。

헤야오 사가시떼 이룬데스가

☑ 묵을 수 있는 방은 있습니까?

泊(と)まれる部屋(へや)はありますか。

도마레루 헤야와 아리마스까

☑ 1박 하고 싶은데요.

一泊(いっぱく)したいのですが。

잇빠꾸시따이노데스가

단어

空(あ)き 빈, 공허한

部屋(へや) 방

探(さが)す 찾다

숙박지 등에서 '숙박하다'라는 뜻으로 사용되는 泊(と)まる는 동작의 멈춤을 나타내는 止(と)まる와는 동일한 발음이지만 한자의 차이가 있습니다.

대화문

A : 방은 비어 있나요?

部屋(へや)は空(あ)いてますか。

헤야와 아이떼마스까

B : 예약하신 분은요?

ご予約(よやく)の方(かた)は。

고요야꾸노 가따와

A : 예약하지 않았는데요.

予約(よやく)してないんですが。

요야꾸시떼 나인데스가

B : 두 분이시라면 방이 하나 있습니다.

お二人様(ふたりさま)なら一室(いっしつ)ございます。

오후따리사마나라 잇시쯔 고자이마스

A : 그걸로 부탁합니다.

それでお願(ねが)いします。

소레데 오네가이시마스

B : 안내해 드릴 때까지 잠시 기다려 주십시오.

ご案内(あんない)まで少々(しょうしょう)お待(ま)ちください。

고안나이마데 쇼-쇼- 오마찌 구다사이

단어

予約(よやく) 예약

二人(ふたり) 두 사람

少々(しょうしょう) 잠시, 잠깐

待(ま)ち 기다림, 대기

少々(しょうしょう)와 같이 동일한 한자를 반복 사용하여 복수 의미를 나타내는 한자단어의 경우 뒷글자를 々로 바꾸어서 표시하며 々의 발음은 앞 글자와 동일합니다.

패턴
079

手(て)伝(つだ)ってもらえますか。

데쯔닷떼 모라에마스까

'도와줄 수 있나요?'라는 뜻입니다. 상대방에게 어떤 도움을 요청할 때 사용하는 표현입니다. 일상에서 자주 사용하는 표현이므로 표현 방법을 잘 익혀서 상황에 맞도록 잘 사용해 보시기 바랍니다.

ええ。何(なに)を手(て)伝(つだ)いましょうか。 네, 뭘 도와드릴까요?
에– 나니오 데쯔다이마쇼–까

ええ。少(すこ)し待(ま)ってもらえますか。 네, 잠시 기다려 줄 수 있나요?
에– 스꼬시 맛떼 모라에마스까

今(いま)ちょっと忙(いそが)しいので後(あと)でいいですか。 지금 조금 바빠서 나중에 괜찮습니까?
이마 춋또 이소가시–노데 아또데 이–데스까

TIP

수동형 표현은 주로 상대방에게 부탁이나 양해를 구할 때에 사용합니다. 待(ま)ってもらえますか와 같이 상대방으로부터 동작이나 행위를 받는 형식의 표현으로 사용합니다.

관련표현

☑ 도와주세요.

手伝(てつだ)ってください。

데쯔닷떼 구다사이

☑ 손을 좀 빌려줄 수 있나요?

手(て)を貸(か)してもらえますか。

데오 가시떼모라에마스까

☑ 도와줄게요.

手助(てだす)けしますよ。

데다스께시마스요

☑ 힘을 빌려주세요.

力(ちから)を貸(か)してください。

찌까라오 가시떼 구다사이

단어

手伝(てつだ)う 도와주다, 돕다

貸(か)す 빌려주다

手助(てだす)けする 돕다

力(ちから)を貸(か)す 힘을 빌리다, 도움을 받다

手(て)を貸(か)す는 한국어의 표현과 마찬가지로 '손을 빌리다'라는 뜻으로, 상대방에게 도움을 요청하는 표현 방법입니다.

대화문

A : 다나카 씨, 지금부터 회의 준비입니까?

田中(たなか)さん、これから会議(かいぎ)の準備(じゅんび)ですか。

다나까상 고레까라 가이기노 쥰비데스까

B : 네, 야마모토 씨 시간이 있으면 도와줄 수 있나요?

はい。山本(やまもと)さん、時間(じかん)があったら手伝(てつだ)ってもらえますか。

하이 야마모또상 지깐가 앗따라 데쯔닷떼 모라에마스까

A : 저라도 힘이 된다면…

私(わたし)で力(ちから)になれるのでしたら…

와따시데 찌까라니 나레루노데시다라

B : 부디 잘 부탁합니다.

ぜひよろしくお願(ねが)いします。

제히 요로시꾸 오네가이시마스

A : 뭘 도와줄까요?

何(なに)をお手伝(てつだ)いしましょうか。

나니오 오테쯔다이시마쇼–까

B : 자료를 나누어 주시면 감사하겠습니다.

資料(しりょう)を配(くば)ってくださるとありがたいです。

시료–오 구밧떼 구다사루또 아리가따이데스

단어

力(ちから) 힘, 체력

配(くば)る 나누다, 분배하다

ありがたい 고마운, 감사한

手(て)を貸(か)す는 '손을 빌려주다'라는 의미로 말하는 사람이 상대방에게 도와준다는 뜻입니다. 반대로 상대방에게 도움을 받는다는 표현은 手(て)を借(か)りる로, 도와주는 주체가 상대방입니다.

패턴 080

詳(くわ)しく教(おし)えてくださいますか。

구와시꾸 오시에떼 구다사이마스까

'자세히 알려 주시겠어요?'라는 뜻입니다. 상대방에게 어떤 상황이나 내용에 대해 구체적으로 알려 줄 것을 요청할 때 사용하는 표현입니다.

メモできますか。 메모데끼마스까	**메모 가능한가요?**
もっと詳(くわ)しくですね。 못또 구와시꾸데스네	**좀 더 자세히 말이군요.**
これで十分(じゅうぶん)だと思(おも)いますよ。 고레데 쥬-분다또 오모이마스요	**이걸로 충분하다고 생각합니다.**

TIP

十分(じゅうぶん)은 '충분한 것'을 말합니다. 充分(じゅうぶん)라고도 할 수 있습니다. 한자의 차이는 있습니다만 발음과 의미는 동일합니다.

관련표현

☑ 자세히 설명해 주세요.

詳(くわ)しく説明(せつめい)してください。

구와시꾸 세쯔메-시떼 구다사이

☑ 간단하게 알려 주세요.

簡単(かんたん)に教(おし)えてください。

간딴니 오시에떼 구다사이

☑ 자세히 설명해 주세요.

細(こま)かく教(おし)えてください。

고마까꾸 오시에떼 구다사이

☑ 정확하게 알려 주세요.

正確(せいかく)に教(おし)えてください。

세-까꾸니 오시에떼 구다사이

단어

詳(くわ)しく 상세하게

細(こま)かく 자세히, 세세하게

説明(せつめい) 설명

正確(せいかく)に 정확히, 정확하게

詳(くわ)しく는 '상세하게'라는 뜻으로 내용을 구체적으로 알려 달라는 상황에서 쓸 수 있으며, 비슷한 표현으로 細(こま)かく도 사용할 수 있습니다.

대화문

A : 다나카 씨는 내일 축제에 가세요?

田中(たなか)さんは明日(あした)の祭(まつ)り行(い)きますか。

다나까상와 아시따노 마쯔리니 이끼마스까

B : 그거 말인데요 자세히 알려 주시겠어요?.

そのことですが詳(くわ)しく教(おし)えてくださいますか。

소노 고또데스가 구와시꾸 오시에떼 구다사이마스까

A : 회사 앞 교차로에서 저녁에 축제가 있어요.

会社前(かいしゃまえ)の交差点(こうさてん)で夕方祭(ゆうがたまつ)りがあるんですよ。

가이샤마에노 고–사텐데 유–가따 마쯔리가 아룬데스요

B : 통행 금지되나요?

通行止(つうこうど)めになりますか。

쯔–꼬–도메니 나리마스까

A : 5시부터 자동차는 지나갈 수 없게 됩니다.

5時(じ)から車(くるま)は通(とお)れなくなります。

고지까라 구루마와 도–레나꾸 나리마스

B : 물어봐서 다행이에요.

聞(き)いてよかったです。

끼–떼 요깟따데스

단어

- **祭(まつ)り** 축제, 행사
- **交差点(こうさてん)** 교차로
- **夕方(ゆうがた)** 저녁 무렵
- **通行止(つうこうど)め** 통행금지
- **通(とお)る** 통하다, 지나다

일본은 祭(まつ)り라는 축제를 즐깁니다. 각 계절에는 지역의 상황이나 특성에 맞는 다채로운 축제가 진행되며 학교나 직장 등의 소규모 단체뿐만 아니라 동네와 지역 등의 축제도 많이 있습니다.

복습하기 [패턴 071-080] 부탁/요청

★ 071 짐을 맡기고 싶습니다만..

にもつ　あず
荷物を預けたいんですが。

니모쯔오 아즈께따인데스가

★ 072 동전이 있습니까?

こぜに
小銭ありますか。

고제니 아리마스까

★ 073 어떻게 가면 됩니까?

い
どう行ったらいいですか。

도−잇따라 이−데스까

★ 074 바래다 주실래요?

おく
送ってもらえますか。

오꿋떼 모라에마스까

★ 075 한 번 더 말해 주시겠어요?

いちど　い
もう一度言ってくださいますか。

모− 이찌도 잇떼 구다사이마스까

★ 076 사진 한 장 찍어 주시겠어요?

しゃしん　いちまい　と
写真を一枚撮ってくださいますか。

샤신오 이찌마이 돗떼 구다사이마스까

★ 077 자리를 바꿔 줄 수 있나요?

せき　か
席を変わってもらえますか。

세끼오 가왓떼 모라에마스까

★ 078 방은 비어 있나요?

へや　あ
部屋は空いてますか。

헤야와 아이떼마스까

★ 079 도와줄 수 있나요?

てつだ
手伝ってもらえますか。

데쯔닷떼 모라에마스까

★ 080 자세히 알려 주시겠어요?

くわ　おし
詳しく教えてくださいますか。

구와시꾸 오시에떼 구다사이마스까

Part 09

직장

패턴 081

どんな仕事をされていますか。

돈나 시고또오 사레떼 이마스까

'어떤 일을 하고 계신가요?'라는 뜻입니다. 처음 만난 사람이나 격식이 필요한 상대방에게 하고 있는 일 또는 직업에 대해 질문할 때에 사용하는 표현입니다.

私は学校の教師です。
와따시와 각꼬-노 교-시데스

저는 학교 선생님입니다.

食堂を経営しています。
쇼꾸도-오 게-에-시떼 이마스

식당을 경영하고 있습니다.

工場で働いています。
고-죠-데 하따라이떼 이마스

공장에서 일하고 있습니다.

TIP

教師는 직업을 표현하는 '교사'라는 직업을 말합니다. 또한 先生는 '선생님'이라는 뜻이지만 이는 직업을 말하기보다는 한국어의 표현과 같이 상대방을 존중하는 의미로 사용됩니다.

관련표현

☑ 직업은 무엇입니까?

職業(しょくぎょう)は何(なん)ですか。

쇼꾸교-와 난데스까

☑ 회사를 경영하고 있습니다.

会社(かいしゃ)を経営(けいえい)しています。

가이샤오 게-에-시떼 이마스

☑ 무역 관련 일을 하고 있습니다.

貿易関係(ぼうえきかんけい)の仕事(しごと)をしています。

보-에끼 간께-노 시고또오 시떼 이마스

☑ 가사가 제 일입니다.

家事(かじ)が私(わたし)の仕事(しごと)です。

가지가 와따시노 시고또데스

단어

経営(けいえい)する 경영하다

職業(しょくぎょう) 직종

貿易(ぼうえき) 무역

関係(かんけい) 관계

家事(かじ) 가사

보통 일본어로 직업은 職業(しょくぎょう)이라고 합니다. 일, 업무를 말할 때에는 仕事(しごと)라는 단어를 주로 사용합니다.

대화문

A : 어떤 일을 하십니까?

どんな仕事(しごと)をされていますか。

돈나 시고또오 사레떼 이마스까

B : 저는 프리터족입니다.

私(わたし)はフリーターです。

와따시와 후리–타–데스

A : 어떤 일을 하고 있습니까?

何(なん)の仕事(しごと)をしているんですか。

난노 시고또오 시떼 이룬데스까

B : 아침은 신문 배달을 하고 낮 동안은 식당에서 일합니다.

朝(あさ)は新聞配達(しんぶんはいたつ)をして昼間(ひるま)は食堂(しょくどう)で働(はたら)いています。

아사와 신분하이타쯔오 시떼 히루마와 쇼꾸도–데 하따라이떼 이마스

A : 힘들겠네요.

大変(たいへん)ですね。

다이헨데스네

B : 최근 저와 같은 프리터족이 늘고 있는 모양입니다.

最近(さいきん)私(わたし)のようなフリーターが増(ふ)えているようです。

사이낀 와따시노요–나 후리–타–가 후에떼 이루요–데스

단어

フリーター 프리터족

新聞配達(しんぶんはいたつ) 신문배달

昼間(ひるま) 낮 동안

フリーター는 フリーアルバイター의 줄임말로, 정규직으로 취직하지 않고 아르바이트를 하면서 생계를 유지하는 사람입니다. 최근에는 '프리터족(freeter)'이라는 말로 불립니다.

職務(しょくむ)は何(なん)ですか。

쇼꾸무와 난데스까

패턴 082

'직무는 무엇인가요?'라는 뜻입니다. 대화 상대에게 현재 하고 있는 업무를 구체적으로 질문할 때에 사용하는 표현입니다. 업종을 질문하는 것이 아니라 실무적인 관점에서 질문하는 방법입니다.

営業(えいぎょう)です。
에-교-데스

영업입니다.

経理(けいり)をしています。
게-리오 시떼 이마스

경리를 하고 있습니다.

会社(かいしゃ)の企画部(きかくぶ)にいます。
가이샤노 기까꾸부니 이마스

회사의 기획팀에 있습니다.

TIP

어떤 업무 등을 담당하는 것은 担当(たんとう)라고 하고 담당 업무를 하는 사람은 担当者(たんとうしゃ)라고 합니다.

관련표현

☑ 기술직은 무척 매력이 있습니다.

技術職(ぎじゅつしょく)はとても魅力(みりょく)があります。

기쥬쯔쇼꾸와 도떼모 미료꾸가 아리마스

☑ 저는 경영에 맞습니다.

私(わたし)は経営(けいえい)に向(む)いています。

와따시와 게-에-니 무이떼 이마스

☑ 최근 담당하고 있던 직무가 바뀌었습니다.

最近(さいきん)担当(たんとう)していた職務(しょくむ)が変(か)わりました。

사이낀 단또-시떼 이따 쇼꾸무가 가와리마시다

☑ 여러가지 직무를 경험해 보고 싶습니다.

いろいろな職務(しょくむ)を経験(けいけん)したいです。

이로이로나 쇼꾸무오 게-껜시따이데스

단어

技術職(ぎじゅつしょく) 기술직

魅力(みりょく) 매력

向(む)く 향하다

担当(たんとう) 담당

~に向(む)いては 사람의 성향이나 특성이 '~에 적합하다' 또는 '~재능이 있다'라는 뜻입니다.

대화문

A : 구직활동을 하고 있습니까?

就職活動(しゅうしょくかつどう)していますか。

슈-쇼꾸가쯔도-시떼 이마스까

B : 네. 하고는 있는데 좀처럼 정해지지 않아요.

はい。やってはいるんですが、なかなか決(き)まりません。

하이 얏떼와 이룬데스가 나까나까 끼마리마센

A : 이력서는 넣었습니까?

履歴書(りれきしょ)は出(だ)しましたか。

리레끼쇼와 다시마시다까

B : 3군데에 넣었습니다.

3ケ所(かしょ)に出(だ)しました。

산까쇼니 다시마시다

A : 희망하는 직무는 무엇입니까?

希望(きぼう)する職務(しょくむ)は何(なん)ですか。

기보-스루 쇼꾸무와 난데스까

B : 기획직무를 희망하고 있습니다.

企画職務(きかくしょくむ)を希望(きぼう)しています。

기까꾸쇼꾸무오 기보-시떼이마스

단어

就職(しゅうしょく) 취직

活動(かつどう) 활동

履歴書(りれきしょ) 이력서

希望(きぼう)する 희망하다

~ケ所(かしょ)는 장소 등의 개수를 말할 때에 사용하는 표현입니다. 특히 ケ는 カタカナ의 ケ와 비슷한 모양이지만 크기가 작으며 か로 발음합니다.

패턴
083

肩書(かたが)きは何(なん)ですか。

가따가끼와 난데스까

'직함은 무엇인가요?'라는 뜻입니다. 대화 상대에게 구체적인 직함이나 명함 등에 표시되는 업무 위치를 질문할 때에 사용하는 표현입니다. 비즈니스 관계 등에서 자주 사용되는 표현입니다.

この店(みせ)の店長(てんちょう)です。
고노 미세노 덴쬬–데스

이 가게의 점장입니다.

私(わたし)は営業課長(えいぎょうかちょう)です。
와따시와 에–교–가쬬–데스

저는 영업과장입니다.

私(わたし)はただの平社員(ひらしゃいん)です。
와따시와 다다노 히라샤인데스

저는 평범한 회사원입니다.

TIP

일본에서는 가게나 상점 등에서 책임자를 店長(てんちょう)라고 부릅니다. 또한, 일본에서는 한국어의 '부장님', '과장님' 등의 직책명과 '님'을 함께 사용하지 않으므로 次長(じちょう)이라는 말에 존칭어 さん 또는 様(さま)를 붙이지 않습니다.

관련표현

☑ 어떤 직무를 맡고 계세요?

どんな役職(やくしょく)に就(つ)いていますか。

돈나 야꾸쇼꾸니 쯔이떼 이마스까

☑ 지위가 있는 편이군요.

地位(ちい)のある方(ほう)ですね。

찌이노 아루 호-데스네

☑ 직함은 무엇입니까?

タイトルは何(なん)ですか。

타이토루와 난데스까

단어

役職(やくしょく) 직무

就(つ)く 취임하다, 오르다

地位(ちい) 지위

タイトル 타이틀, 제목

비즈니스 관계 등에서 상대방에게 **タイトル**을 질문하는 것은 명함 등에서 사용되는 지위나 직책을 묻는 것입니다. 이는 **肩書(かたが)き**와 동일한 표현입니다.

대화문

A : 명함을 가지고 계십니까?

めいし　も
名刺をお持ちですか。

메-시오 오모찌데스까

B : 아 네. 다나카라고 합니다.

たなか　もう
あ、はい。田中と申します。

아 하이 다나까또 모-시마스

A : 고토라고 합니다.

ごとう　もう
後藤と申します。

고토-또 모-시마스

B : 고토 씨는 병원의 원장 선생님입니까?

ごとう　びょういん　いんちょうせんせい
後藤さんは病院の院長先生ですか。

고토-상와 뵤-인노 인쵸-센세-데스까

A : 네. 작년에 개원했습니다.

きょねんかいいん
はい。去年開院しまして…

하이 쿄넨 가이인시마시떼…

B : 저는 옆 동네에서 치과의사를 하고 있습니다.

わたし　となりまち　しかいし
私は隣町で歯科医師をしています。

와따시와 도나리마찌데 시까이시오 시떼 이마스

'명함'은 名刺(めいし)입니다. 특히 비즈니스 관계 등에서 서로 '명함을 교환'하는 것은 名刺交換(めいしこうかん)이라고 하는 것을 참고해 주시고 자주 사용되는 표현이므로 잘 알아 두시기 바랍니다.

단어

- 名刺(めいし) 명함
- 病院(びょういん) 병원
- 院長(いんちょう) 원장
- 先生(せんせい) 선생
- 開院(かいいん) 개원
- 隣町(となりまち) 옆 동네
- 歯科(しか) 치과

패턴 **084**

出張(しゅっちょう)はありますか。

숫쵸-와 아리마스까

'출장이 있습니까?'라는 뜻입니다. 비즈니스 관계 또는 업무상의 관계 등에서 상대방 등에게 업무와 관련한 출장이 있는지를 물어볼 때 사용하는 표현입니다.

時々(ときどき)あります。
도끼도끼 아리마스
가끔 있습니다.

海外出張(かいがいしゅっちょう)が多(おお)いですね。
가이가이숫쵸-가 오-이데스네
해외출장이 많아요.

出張(しゅっちょう)はほとんどありません。
숫쵸-와 호똔도 아리마센
출장은 거의 없습니다.

TIP

ほとんど는 '대부분' 또는 '거의'라는 뜻으로 사용됩니다. 어떤 정도나 상황이 완성에 가까워졌음을 의미하는 말이며 상황에 따라 殆(ほとん)ど라고도 사용된다는 것을 참고하세요.

관련표현

☑ 출장뿐이라 거의 회사에 없습니다.

出張(しゅっちょう)ばかりでほとんど会社(かいしゃ)にいません。

숏쵸-바까리데 호똔도 가이샤니 이마센

☑ 한 달 1번은 지방 출장을 갑니다.

月一回(つきいっかい)は地方(ちほう)に出張(しゅっちょう)します。

쯔끼 잇까이와 치호-니 숏쵸-시마스

☑ 출장이 많아서 힘듭니다.

出張(しゅっちょう)が多(おお)くて大変(たいへん)です。

숏쵸-가 오-꾸떼 다이헨데스

☑ 출장지에서 관광했습니다.

出張先(しゅっちょうさき)で観光(かんこう)しました。

숏쵸-사끼데 간꼬-시마시다

단어

月一回(つきいっかい) 월 1회

地方(ちほう) 지방

出張先(しゅっちょうさき) 출장지

観光(かんこう) 관광

月一回(つきいっかい)과 같이 어떤 기간 중에 몇 회를 표현하는 방법입니다. 기간을 나타내는 말과 횟수를 함께 사용함을 알아 두세요.

대화문

A : 스즈키 씨 회사는 출장이 있습니까?

鈴木(すずき)さんの会社(かいしゃ)は出張(しゅっちょう)はありますか。

스즈끼상노 가이샤와 슛쵸-와 아리마스까

B : 필요에 따라서 출장을 합니다.

必要(ひつよう)に応(おう)じて出張(しゅっちょう)します。

히쯔요-니 오-지떼 슛쵸-시마스

A : 해외에도 출장 갑니까?

海外(かいがい)にも出張(しゅっちょう)しますか。

가이가이니모 슛쵸-시마스까

B : 일 년에 한 번뿐이지만요.

年(ねん)に1回(かい)くらいですけど。

넨니 잇까이 구라이데스께도

A : 해외여행이 가능해서 좋네요.

海外旅行(かいがいりょこう)ができていいですね。

가이가이료꼬-가 데끼떼 이-데스네

B : 그것이 은근히 바빠서 여행 기분으로는 있을 수 없어요.

それが結構忙(けっこういそが)しくて旅行気分(りょこうきぶん)ではいられませんよ。

소레가 겟꼬- 이소가시꾸떼 료코-기분데와 이라레마센요

단어

必要(ひつよう) 필요

応(おう)じる 따르다

旅行(りょこう) 여행

結構(けっこう) 만족스러운, 충분히

~に応(おう)じて는 '어떤 상황에 따라서'라는 뜻입니다. 주로 상황이나 조건에 따라서 변화되는 상황을 설명하는 표현입니다.

패턴 085

社員旅行(しゃいんりょこう)はありますか。

샤인료코-와 아리마스까

'사원 여행이 있습니까?'라는 뜻입니다. 일본에서는 한국과 달리 소규모의 회사 등에서 사원 여행을 하는 경우가 많이 있습니다. 지역과 시기에 따라 다르지만 한국과는 다른 기업문화가 있음을 참고하시기 바랍니다.

年(ねん)に1度(ど)あります。

넨니 이찌도 아리마스

일 년에 한 번 있습니다.

あるにはありますが希望者(きぼうしゃ)だけ参加(さんか)します。

아루니와 아리마스가 기보-샤다케 산까시마스

있기는 있지만 희망자만 참가합니다.

うちの会社(かいしゃ)は家族(かぞく)ぐるみで社員旅行(しゃいんりょこう)に行(い)きますよ。

우찌노 가이샤와 가조꾸구르미데 샤인료코-니 이끼마스요

저희 회사는 가족 단위로 사원 여행을 갑니다.

TIP

~に行(い)きます는 '~을 하러 가다'의 뜻으로 사용되는 표현입니다. 가는 목적이나 이유와 함께 사용되는 조사가 ~に라는 것을 알아 두시기 바랍니다.

관련표현

☑ 사원 여행의 출석 사항을 체크합니다.

社員旅行(しゃいんりょこう)の出欠(しゅっけつ)をとります。

샤인료코-노 슛케쯔오 도리마스

☑ 사원 여행은 어디로 갑니까?

社員旅行(しゃいんりょこう)はどこへ行(い)きますか。

샤인료코-와 도꼬에 이끼마스까

☑ 있기는 있습니다만 별로 가고 싶지 않습니다.

あるにはありますが、あまり行(い)きたくありません。

아루니와 아리마스가 아마리 이끼따꾸 아리마센

☑ 회사 단위로 여행을 즐기고 있습니다.

会社(かいしゃ)ぐるみで旅行(りょこう)を楽(たの)しんでいます。

가이샤구루미데 료코-오 다노신데 이마스

あるにはありますが는 뒤에 부정적인 표현이 함께 사용되면서 '있기는 있지만' 결정 등은 부정적인 결과를 표현할 때에 사용합니다.

단어

社員旅行(しゃいんりょこう) 사원 여행

出欠(しゅっけつ) 출결(출석과 결석)

대화문

A : 야마다 씨, 사원 여행은 있습니까?

山田さん、社員旅行はありますか。

야마다상 샤인료코-와 아리마스까

B : 네. 거의 근처 온천에서 1박을 합니다.

はい。だいたい近辺の温泉で1泊します。

하이 다이따이 킨벤노 온센데 잇빠꾸시마스

A : 야마다 씨는 매번 참가합니까?

山田さんは毎回参加しますか。

야마다상와 마이까이 산까시마스까

B : 맞아요. 작년에는 가족도 동반했습니다.

そうですね。去年は家族も同伴しました。

소-데스네 쿄넨와 가조꾸모 도-한시마시다

A : 즐거울 것 같네요.

楽しそうですね。

다노시소-데스네

B : 네 느긋하게 온천에 들어가고 푹 쉬고 왔습니다.

はい。ゆっくり温泉に入って、くつろいで来ましたよ。

하이 윳꾸리 온센니 하잇떼 구쯔로이데 끼마시다요

단어

近辺 근처, 가까운 곳

温泉 온천

去年 작년

同伴 동반

시간이나 때를 나타내는 명사와 毎를 함께 사용하면 그 '때/시기마다'라는 뜻입니다. 毎日(매일), 毎晩(매일 밤), 毎月매월), 毎回(매번)와 같이 사용할 수 있습니다.

仕事は順調ですか。

시고또와 쥰쵸-데스까

패턴 086

'일은 순조롭습니까?'라는 뜻입니다. 비즈니스 관계 또는 업무상의 관계 등에서 지인이나 상대방 등에게 업무 또는 하는 일이 순조롭게 진행되고 있는지를 물어볼 때 사용하는 표현입니다.

まずまずです。 **그럭저럭 괜찮습니다.**
마즈마즈데스

だいぶ調子に乗ってきました。 **상당히 흐름을 타고 있습니다.**
다이부 쵸-시니 놋떼 끼마시따

最近不景気で大変です。 **최근 불경기로 힘듭니다.**
사이낀 후케-끼데 다이헨데스

TIP

調子に乗る라는 표현은 어떤 일이나 상황이 '순조롭게 진행되다'라는 뜻입니다. 調子는 일반적인 흐름이나 상태를 말하고 몸의 컨디션을 말할 때에도 사용합니다.

관련표현

☑ 업무는 흐름을 타고 있으세요?

仕事(しごと)は波(なみ)に乗(の)ってきましたか。

시고또와 나미니 놋떼 끼마시따까

☑ 순조롭게 진행되고 있습니다.

順調(じゅんちょう)に進(すす)んでいます。

쥰쵸-니 스순데 이마스

☑ 지극히 순조롭다고 말할 수 있습니다.

極(きわ)めて順調(じゅんちょう)だと言(い)えます。

키와메떼 쥰쵸-다또 이에마스

☑ 좋지도 않고 나쁘지도 않은 그런 느낌입니다.

良(よ)くもなく悪(わる)くもないといった感(かん)じです。

요꾸모나꾸 와루꾸모나이또 잇따 간지데스

단어

波(なみ) 파도, 흐름

順調(じゅんちょう) 순조로움

極(きわ)めて 대단히, 매우

어떤 일이나 상황이 순조롭게 진행되고 있다는 것을 말할 때에는 보통 順調(じゅんちょう)に進(すす)んでいる라고 하며, 비유적인 표현으로 波(なみ)に乗(の)った라고 할 수도 있는데 그 뜻은 '흐름을 탔다'입니다.

대화문

A : 야마모토 씨, 일은 순조롭습니까?

山本(やまもと)さん、仕事(しごと)は順調(じゅんちょう)ですか。

야마모또상 시고또와 쥰쵸-데스까

B : 덕분에 개점과 동시에 크게 번창했습니다.

お陰様(かげさま)で開店(かいてん)と同時(どうじ)に大繁盛(だいはんじょう)です。

오까게사마데 가이뗀또 도-지니 다이한죠-데스

A : 그거 다행이네요.

それは何(なに)よりです。

소레와 나니요리데스

B : 생각한 것 이상의 반응이어서…

思(おも)った以上(いじょう)の反響(はんきょう)で…

오못따 이죠노 한쿄-데

A : 기쁜 비명이네요.

うれしい悲鳴(ひめい)ですね。

우레시- 히메-데스네

B : 꼭 야마모토 씨도 한번 와 주세요.

ぜひ山本(やまもと)さんも一度(いちど)おいでください。

제히 야마모또상모 이찌도 오이데 구다사이

단어

同時(どうじ)に 동시에

繁盛(はんじょう) 번성, 번영

反響(はんきょう) 반응, 메아리

悲鳴(ひめい) 비명

お陰様(かげさま)で는 '덕분에'라는 뜻입니다. 이는 어떤 사람이나 상황이 원인이 되거나 영향을 받아 긍정적인 결과가 나올 때에 사용되는 표현입니다 참고로 お陰(かげ)で로도 사용됩니다.

패턴 087

職員(しょくいん)がどのくらいいますか。

쇼꾸인가 도노구라이 이마스까

'직원이 어느 정도 있습니까?'라는 뜻입니다. 비즈니스 관계 또는 업무상의 관계 등에서 지인이나 상대방 등에게 근무하는 곳에서 함께 일하는 직원이 몇 명이나 있는지를 물어볼 때 사용하는 표현입니다.

私(わたし)の家族(かぞく)が職員(しょくいん)です。

와따시노 가조꾸가 쇼꾸인데스

저희 가족이 직원입니다.

規模(きぼ)が小(ち)さくて20人程度(にんていど)です。

기보가 찌-사꾸떼 니쥬-닌 테-도데스

규모가 작아서 20명 정도입니다.

今年(ことし)は去年(きょねん)の2倍(ばい)になって100人前後(にんぜんご)ですね。

고토시와 쿄넨노 니바이니 낫떼 햐꾸닌 젠고데스네

올해는 작년의 2배가 되어서 100명 전후입니다.

TIP

~前後(ぜんご)는 '~전후'라는 뜻으로, 수량이나 상황의 정도를 가늠할 수 있는 범위를 나타낼 때에 사용하는 표현입니다. 이때 앞의 말은 그 범위를 나타내는 말이 사용된다는 것을 알아 두시고 자주 사용됩니다.

관련표현

☑ 직장에서 몇 명 정도 일하고 있습니까?

職場(しょくば)で何人(なんにん)くらい働(はたら)いていますか。

쇼꾸바데 난닝구라이 하따라이떼 이마스까

☑ 몇 명이서 일을 하고 있습니까?

何人(なんにん)で仕事(しごと)をしていますか。

난닝데 시고또오 시떼 이마스까

☑ 직원 수는 어느 정도입니까?

職員(しょくいん)の数(かず)はどのくらいですか。

쇼꾸인노 가즈와 도노구라이데스까

☑ 직원을 어느 정도 고용하고 있습니까?

職員(しょくいん)をどのくらい雇用(こよう)していますか。

쇼꾸인오 도노구라이 고요-시떼 이마스까

단어

働(はたら)く 일하다, 근무하다

数(かず) 수, 숫자

雇用(こよう) 고용

'일하다'라는 표현은 働(はたら)く라는 동사를 사용합니다만, 보통 회화에서는 仕事(しごと)する라는 단어를 더욱 많이 사용합니다.

대화문

A : 야마다 씨의 직장에는 직원이 어느 정도 있습니까?

山田(やまだ)さんの職場(しょくば)には職員(しょくいん)がどのくらいいますか。

야마다상노 쇼꾸바니와 쇼꾸인가 도노구라이 이마스까

B : 올해는 신입사원을 많이 채용해서 50명 가까이 되었습니다.

今年(ことし)は新人社員(しんじんしゃいん)をたくさん採用(さいよう)して50人(にん)近(ちか)くになりました。

고토시와 신진샤인오 다꾸상 사이요–시떼 고쥬–닌찌까꾸니 나리마시다

A : 회사 규모가 커졌군요.

会社(かいしゃ)の規模(きぼ)が大(おお)きくなりましたね。

가이샤노 기보가 오–끼꾸 나리마시따네

B : 젊은 사람이 늘어서 일에 활력이 생겼습니다.

若(わか)い人(ひと)が増(ふ)えて仕事(しごと)に活気(かっき)が出(で)てきました。

와까이 히또가 후에떼 시고또니 각끼가 데떼 끼마시다

A : 야마다 씨도 힘이 나시겠네요.

山田(やまだ)さんも精(せい)が出(で)ますね。

야마다상모 세–가 데마스네

B : 아직은 젊은 사람한테 질 수 없습니다.

まだまだ若者(わかもの)には負(ま)けていられません。

마다마다 와까모노니와 마께떼 이라레마센

단어

新人社員(しんじんしゃいん) 신입사원

採用(さいよう)する 채용하다

若者(わかもの) 젊은 사람

活気(かっき) 활기

精(せい)が出(で)る 힘이 나다

若者(わかもの) 젊은이, 젊은 사람

精(せい)が出(で)る는 '힘이나 기운이 나다'라는 뜻입니다. 精(せい)는 힘의 원천이나 에너지 등을 나타내는 말입니다.

패턴 088

しょく　ば

職場はどこですか。

쇼꾸바와 도꼬데스까

'직장은 어디인가요?'라는 뜻입니다. 상대방에게 직장의 위치를 질문할 때에 사용하는 표현입니다. 새롭게 만난 사람 등과 친분을 쌓기 위해 필요한 대화 중의 하나입니다.

ふん　い　ところ

ここからバスで15分行った所にあります。

고꼬까라 바스데 쥬-고훈 잇따 도꼬로니 아리마스

여기서부터 15분 떨어진 곳에 있습니다.

となり まち

隣町です。

도나리마찌데스

옆 동네입니다.

とう きょう えき　ちか

東京駅の近くです。

도-쿄-에끼노 찌까꾸데스

도쿄역 근처입니다.

TIP

バスで는 '버스로'라는 뜻으로, 교통수단 등의 방법을 말할 때에는 그 방법적인 수단과 함께 조사 ~で를 사용합니다.

관련표현

☑ 도쿄역 건너편 쪽에 있는 건물 안에 있습니다.

東京駅の向かい側にある建物の中にあります。

도-쿄-에끼노 무까이가와니 아루 다떼모노노 나까니 아리마스

☑ 제 직장은 집에서 차로 20분 정도 떨어진 공장입니다.

私の職場は自宅から車で20分くらい離れた工場です。

와따시노 쇼꾸바와 지타꾸까라 구루마데 니쥿뿐구라이 하나레따 고-죠데스

☑ 옆 마을 병원입니다.

隣町の病院です。

도나리마찌노 뵤-인데스

☑ 저는 집에서 일을 하고 있습니다.

私は自宅で仕事をしています。

와따시와 지타꾸데 시고또오 시떼 이마스

단어

向かい側 건너편

建物 건물

離れた 떨어진

自宅 자택, 집

위치를 나타내는 표현 중 ～の向かい側는 '～의 정면' 또는 '～의 건너편'이라는 뜻으로 사용됩니다. 한편 '～옆' 또는 '～주변'은 ～隣, ～横, 또는 ～の側를 사용할 수 있습니다.

대화문

A : 스즈키 씨의 직장은 어디입니까?

鈴木(すずき)さんの職場(しょくば)はどこですか。

스즈끼상노 쇼꾸바와 도꼬데스까

B : 저는 친정에서 일을 하고 있습니다.

私(わたし)は実家(じっか)で仕事(しごと)をしています。

와따시와 짓까데 시고또오 시떼 이마스

A : 스즈키 씨는 친정에서 어떤 일을 하고 있습니까?

鈴木(すずき)さんの実家(じっか)でどんな仕事(しごと)をしているんですか。

스즈끼상노 짓까데 돈나 시고또오 시떼 이룬데스까

B : 저희는 대대적으로 전해지는 전통 공예품을 만들어요.

うちは代々(だいだい)伝(つた)わる伝統工芸品(でんとうこうげいひん)を作(つく)っているんです。

우찌와 다이다이 쯔따와루 덴또–고–게–힌오 쯔끗떼 이룬데스

A : 대단하네요. 친정은 멀어요?

すごいですね。実家(じっか)は遠(とお)いですか。

스고이데스네 짓까와 토–이데스까

B : 버스로 10분 떨어진 곳에 있습니다.

バスで10分(ぷん)離(はな)れたところにあります。

바스데 쥿뿐 하나레따 도꼬로니 아리마스

단어

- **実家(じっか)** 고향, 친정
- **代々(だいだい)** 대대로
- **伝(つた)わる** 전해지다
- **伝統(でんとう)** 전통
- **工芸品(こうげいひん)** 공예품

実家(じっか)는 한국어의 '본가'에 해당하는 표현으로 현재 거주하고 있는 집이 아닌 '부모님이 계시는 집'이나 '고향집'을 의미합니다.

패턴 089

勤務時間はどうなっていますか。

긴무지깐와 도-낫떼 이마스까

'근무시간은 어떻게 되나요?'라는 뜻입니다. 상대방의 직장에서의 근무시간을 질문할 때에 사용하는 표현입니다. 새롭게 만난 사람 등과 친분을 쌓기 위해 필요한 대화 중 하나입니다.

9時から18時までです。

구지까라 쥬-하찌지마데데스

9시부터 18시까지입니다.

休憩時間を含めて8時間勤務です。

규-께-지깐오 후꾸메떼 하찌지깐 긴무데스

휴식시간을 포함해서 8시간 근무입니다.

私は自営業なので勤務時間に自由があります。

와따시와 지에-교-나노데 긴무지깐니 지유-가 아리마스

저는 자영업이어서 근무시간에 자유가 있습니다.

TIP

앞에서 설명했듯이 공간이나 시간의 시작과 끝의 범위를 나타내는 표현은 ~から …までを 사용합니다. 시작의 시간이나 장소에 ~からを 써서 '~부터'라는 의미로 사용하며 종료되는 시간이나 장소에 …までを 써서 '…까지'라는 뜻으로 사용할 수 있습니다.

관련표현

☑ 노동시간은 어떻게 되어 있습니까?

労働時間(ろうどうじかん)はどうなっていますか。

로-도-지깐와 도-낫떼 이마스까

☑ 휴식시간은 근무 시간에 포함되어 있습니다.

休憩時間(きゅうけいじかん)は勤務時間(きんむじかん)に含(ふく)まれます。

규-께-지깐와 긴무지깐니 후꾸마레마스

☑ 가끔 잔업도 합니다.

時々(ときどき)残業(ざんぎょう)もします。

도끼도끼 잔교-모 시마스

☑ 제 일은 그다지 근무시간에 속박되지 않습니다.

私(わたし)の仕事(しごと)はあまり勤務時間(きんむじかん)に束縛(そくばく)されません。

와따시노 시고또와 아마리 긴무지깐니 소꾸바꾸사레마센

단어

労働(ろうどう) 노동

休憩(きゅうけい) 휴게

残業(ざんぎょう) 잔업

束縛(そくばく) 속박

時々(ときどき)는 '때때로' 또는 '가끔'이라는 뜻으로 사용됩니다. 규칙적이지는 않으나 횟수적인 면으로는 적지 않은 범위를 말할 때에 사용합니다.

대화문

A : 다나카 씨의 근무시간은 어떻게 되어 있습니까?

田中さんの勤務時間はどうなっていますか。

다나까상노 긴무지깐와 도-낫떼 이마스까

B : 저는 간호사여서 2교대제입니다.

私は看護婦なので二交代制です。

와따시와 간고후나노데 니코-타이세-데스

A : 야근이 있습니까?

夜勤があるんですか。

야낀가 아룬데스까

B : 네. 야근 다음 날은 쉽니다.

はい。夜勤明けは休みになります。

하이 야낀아께와 야스미니 나리마스

A : 건강관리가 필요하겠네요.

体調管理が必要ですね。

타이쵸-간리가 히쯔요-데스네

B : 충분히 수면을 취하도록 신경 쓰고 있습니다.

十分睡眠をとるように心がけています。

쥬-분 수이민오 도루요-니 고꼬로가께떼 이마스

단어

看護婦 간호사

交代制 교대제

夜勤 야근

体調管理 건강관리

睡眠 수면, 잠

心がける는 '항상 주의하다' 또는 '명심하다'라는 뜻입니다.

패턴 090

気の合う同僚はいますか。

기노아우 도-료와 이마스까

'마음이 맞는 동료가 있습니까?'라는 뜻입니다. 비즈니스 관계 또는 업무상의 관계 등에서 지인이나 상대방 등에게 근무하는 곳에서 함께 일하는 직원과의 관계를 물어볼 때 사용하는 표현입니다.

同じ部署に気の合う同僚がいます。
오나지 부쇼니 기노아우 도-료-가 이마스
같은 부서에 마음이 맞는 동료가 있습니다.

仕事上では同僚と上手くやっています。
시고또죠-데와 도-료-또 우마꾸 얏떼 이마스
업무상으로 동료와 잘 맞추어 일하고 있습니다.

それほど気の合う同僚はいません。
소레호도 기노아우 도-료와 이마센
그렇게 마음이 맞는 동료는 없습니다.

TIP それほど는 '그만큼' 또는 '그 정도로'라는 뜻을 가지고 있으며 긍정의 표현 또는 부정의 표현과 함께 사용될 때 함께 쓰는 말에 따라서 그 의미를 강조하는 역할이 달라집니다.

관련표현

☑ 마음이 맞는 동료는 있습니까?

気(き)の合(あ)う仲間(なかま)はいますか。

기노아우 나까마와 이마스까

☑ 마음이 맞는 동료가 많이 있습니다.

気(き)の合(あ)う同僚(どうりょう)がたくさんいます。

기노아우 도-료-가 다꾸상 이마스

☑ 마음이 맞는 동료와 일을 하면 잘 된다.

気(き)の合(あ)う人(ひと)と仕事(しごと)をするとうまくいく。

기노아우 히또또 시고또오 스루또 우마꾸 이꾸

☑ 마음이 맞는 친구를 원합니다.

気(き)の合(あ)う友達(ともだち)が欲(ほ)しいです。

기노아우 도모다찌가 호시-데스

단어

気(き)の合(あ)う 마음이 맞다

仲間(なかま) 동료, 동지

同僚(どうりょう) 동료

仲間(なかま)는 어떤 조직이나 동호회 등에서 함께 어울리는 동료를 말하는 경우가 많으며, 同僚(どうりょう)는 주로 일이나 업무적인 관계의 동료를 말합니다.

대화문

A : 요즘 일로 스트레스가 쌓여서…

最近(さいきん)仕事(しごと)でストレスが溜(た)まって…

사이낀 시고또데 스토레스가 다맛떼

B : 직장에 마음이 맞는 동료는 있습니까?

職場(しょくば)に気(き)の合(あ)う同僚(どうりょう)はいますか。

쇼꾸바니 기노아우 도–료와 이마스까

A : 마음이 맞는 동료가 다른 부서로 갔습니다.

気(き)の合(あ)う同僚(どうりょう)が違(ちが)う部署(ぶしょ)へ行(い)ったんです。

기노아우 도–료–가 찌가우부쇼에 잇딴데스

B : 외로워졌군요.

寂(さび)しくなりましたね。

사비시꾸 나리마시다네

A : 동료의 힘은 커요.

同僚(どうりょう)の力(ちから)は大(おお)きいです。

도–료–노 찌까라와 오–끼–데스

B : 또 마음이 맞는 동료를 찾을 수 있으면 좋겠네요.

また気(き)の合(あ)う同僚(どうりょう)を探(さが)せるといいですね。

마따 기노아우 도–료–오 사가세루또 이–데스네

단어

溜(た)まる 쌓이다

部署(ぶしょ) 부서

寂(さび)しい 외로운, 쓸쓸한

探(さが)す 찾다, 구하다

어떤 사람 또는 상황과 자신이 잘 어울리거나 적합한 상황임을 나타내는 표현으로 気(き)の合(あ)う라는 말을 사용합니다.

복습하기 [패턴 081-090] 직장

★ 081 어떤 일을 하고 계신가요?

どんな仕事(しごと)をされていますか。

돈나 시고또오 사레떼 이마스까

★ 082 직무는 무엇인가요?

職務(しょくむ)は何(なん)ですか。

쇼꾸무와 난데스까

★ 083 직함은 무엇인가요?

肩書(かたが)きは何(なん)ですか。

가따가끼와 난데스까

★ 084 출장이 있습니까?

出張(しゅっちょう)はありますか。

슛쵸–와 아리마스까

★ 085 사원 여행이 있습니까?

社員旅行(しゃいんりょこう)はありますか。

샤인료코–와 아리마스까

★ 086 일은 순조롭습니까?

仕事(しごと)は順調(じゅんちょう)ですか。

시고또와 쥰쵸–데스까

★ 087 직원이 어느 정도 있습니까?

職員(しょくいん)がどのくらいいますか。

쇼꾸인가 도노구라이 이마스까

★ 088 직장은 어디인가요?

職場(しょくば)はどこですか。

쇼꾸바와 도꼬데스까

★ 089 근무시간은 어떻게 되나요?

勤務時間(きんむじかん)はどうなっていますか。

긴무지깐와 도–낫떼 이마스까

★ 090 마음이 맞는 동료가 있습니까?

気(き)の合(あ)う同僚(どうりょう)はいますか。

기노아우 도–료와 이마스까

Part 10

학습

패턴 091

何(なに)か質問(しつもん)ありますか。

나니까 시쯔몬 아리마스까

'뭔가 질문 있나요?'라는 뜻입니다. 상대방에게 어떤 상황이나 내용에 대해 질문이 있는지를 물어볼 때에 사용하는 표현입니다.

特(とく)にありません。 특별히 없습니다.

토꾸니 아리마센

ちょっと聞(き)いてもいいですか。 좀 물어봐도 되겠습니까?

촛또 끼-떼모 이-데스까

すみませんが、この問題(もんだい)の意味(いみ)がよくわかりません。 죄송하지만 이 문제의 뜻을 잘 모르겠습니다.

스미마센가 고노 몬다이노 이미가 요꾸 와까리마센

TIP

すみませんが…는 '미안하지만…'이라는 뜻으로 사용되는 말입니다. 일반적으로 미안하다는 표현으로 사용되지만, 일상생활에서나 상점 등에서 상대방을 호출할 때에도 관용적으로 사용됩니다.

관련표현

☑ 다른 질문은 없습니까?

他(ほか)に質問(しつもん)はありませんか。

호까니 시쯔몬와 아리마센까

☑ 잠시 질문을 해도 되겠습니까?

ちょっと質問(しつもん)してもいいですか。

춋또 시쯔몬시떼모 이-데스까

☑ 잠시 질문하고 싶은데요.

ちょっと質問(しつもん)したいんですけど。

춋또 시쯔몬 시따인데스께도

☑ 이 문제의 뜻이 전혀 이해가 안 됩니다.

この問題(もんだい)の意味(いみ)が全(まった)く理解(りかい)できません。

고노 몬다이노 이미가 맛따꾸 리까이데끼마센

단어

質問(しつもん) 질문

意味(いみ) 의미

全(まった)く 전혀

理解(りかい) 이해

全(まった)く는 '전혀'라는 뜻으로 사용되는 단어입니다. 비슷한 표현으로 앞에서도 설명한 全然(ぜんぜん)이라는 단어가 있습니다.

대화문

A : 수업은 여기까지 하겠습니다. 뭔가 질문 없습니까?

授業(じゅぎょう)はここまでにします。何(なに)か質問(しつもん)ありますか。

쥬교-와 고꼬마데니 시마스 나니까 시쯔몬 아리마스까

B : 선생님, 질문인데요.

先生(せんせい)。質問(しつもん)なんですけど。

센세- 시쯔몬난데스케도

A : 네, 뭔가요.

はい、何(なん)ですか。

하이, 난데스까

B : 환율결정이론을 잘 모르겠습니다.

為替(かわせ)決定(けってい)理論(りろん)がよくわかりません。

가와세겟떼-리론가 요꾸 와까리마센

A : 설명하면 길어질 테니 교무실로 와 주세요.

説明(せつめい)したら長(なが)くなりそうなので、職員室(しょくいんしつ)まで来(き)てください。

세쯔메-시따라 나가꾸나리소-나노데 쇼꾸인시쯔마데 끼떼 구다사이

B : 알겠습니다.

わかりました。

와까리마시다

단어

為替(かわせ) 환율

決定(けってい) 결정

理論(りろん) 이론

職員室(しょくいんしつ) 직원실, 교무실

상대방에게 '잠시만'이라고 양해를 구할 때 쓰는 표현으로 ちょっと가 있는데, 위의 예문과 같이 쉽게 말을 꺼내지 못하는 상황에서 '좀' 또는 '약간'이라는 뜻으로도 사용합니다.

패턴 **092**

せん こう　　なん
専攻は何ですか。

센코-와 난데스까

'전공이 뭔가요?' 라는 뜻입니다. 상대방 또는 지인에게 대학 등에서의 공부한 전공을 물어볼 때에 사용하는 표현입니다. 새롭게 만난 사람 등과 친분을 쌓기 위해 필요한 대화 중의 하나입니다.

に ほん ご
日本語です。

니혼고데스

일본어입니다.

わたし　に ほん ご がっ か　に ほん ご　べん
私は日本語学科で日本語を勉
きょう
強しています。

와따시와 니혼고각까데 니혼고오 벤쿄-시떼 이마스

저는 일본어학과이고 일본어를 공부하고 있습니다.

わたし　かん こく ご　せん こう
私は韓国語を専攻しています。

와따시와 간꼬꾸고오 센코-시떼 이마스

저는 한국어를 전공하고 있습니다.

TIP

일반적으로 학습을 목적으로 하는 '공부하다'는 勉強(べんきょう)する라는 말을 사용합니다만, 어떤 학습이나 기술 등을 습득한다는 뜻으로 말하고자 할 때는 学(まな)ぶ라는 단어를 사용합니다.

관련표현

☑ 어느 학부입니까?

なに がく ぶ
何学部ですか。

나니 가꾸부데스까

☑ 무엇을 전공하고 있나요?

なに せん こう
何を専攻していますか。

나니오 센꼬–시떼 이마스까

☑ 학과는 무엇입니까?

がっ か なん
学科は何ですか。

각까와 난데스까

☑ 어떤 공부를 하고 있습니까?

べん きょう
どんな勉強をしていますか。

돈나 벤쿄–오 시떼 이마스까

단어

がく ぶ
学部 학부

せん こう
専攻 전공

がっ か
学科 학과

べんきょう
勉強 공부

せんこう
専攻する은 학문적인 내용을 공부한다는 '전공하다'라는 뜻이며, 일반적인 '공부하다'는 べんきょう **勉強する**를 사용한다는 것을 알아 두시기 바랍니다.

대화문

A : 야마모토 씨의 전공은 무엇입니까?

やま もと　　　　せん こう　　なん
山本さんの専攻は何ですか。

야마모또상노 센코-와 난데스까

B : 저는 일본어를 전공하고 있습니다.

わたし　　に ほん ご　　せん こう
私は日本語を専攻しています。

와따시와 니혼고오 센꼬-시떼 이마스

A : 국제학부 일본어학과입니까?

こく さい がく ぶ に ほん ご がっ か
国際学部日本語学科ですか。

고꾸사이가꾸부 니혼고각까데스까

B : 네.

はい。

하이

A : 어떤 것을 배웁니까?

まな
どんなことを学んでいますか。

돈나 고또오 마난데 이마스까

B : 주로 일본어와 일본 문학를 배웁니다.

おも　に ほん ご　に ほん ぶん がく　まな
主に日本語と日本文学を学んでいます。

오모니 니혼고또 니혼분까꾸오 마난데 이마스

단어

こく さい
国際 국제

まな
学ぶ 배우다, 가르침을 받다

おも
主に 주로

ぶん がく
文学 문학

한국과 마찬가지로 일본에서도 대학교 과정을 学部(がくぶ)라고 하며 대학원 과정을 '석사(修士(しゅうし))' 및 '박사(博士(はかせ))'로 말합니다.

패턴 093

塾(じゅく)に通(かよ)っていますか。

쥬꾸니 가욧떼 이마스까

'학원에 다니고 있습니까?'라는 뜻입니다. 일본에서도 한국과 마찬가지로 각종 수험 준비를 위하여 학원을 다닙니다. 일본어로 '학원'을 나타내는 말은 塾(じゅく)입니다.

通(かよ)っています。 — **다니고 있습니다.**

가욧떼 이마스

私(わたし)は通(かよ)っていません。 — **저는 다니고 있지 않습니다.**

와따시와 가욧떼이마센

以前(いぜん)は塾(じゅく)に通(かよ)っていました。 — **이전에는 학원에 다녔었습니다.**

이젠와 쥬꾸니 가욧떼 이마시다

TIP

규칙적으로 어떤 장소에 다닌다는 표현을 할 때에 通(かよ)う라는 단어를 사용합니다. 이는 일회성이 아닌 정기적인 방문을 의미합니다.

관련표현

☑ 학원에서 무엇을 공부하고 있습니까?

塾(じゅく)で何(なに)を勉強(べんきょう)していますか。

쥬꾸데 나니오 벤쿄-시떼 이마스까

☑ 몇 개의 학원을 다니고 있습니까?

いくつの塾(じゅく)に通(かよ)っていますか。

이꾸쯔노 쥬꾸니 가욧떼 이마스까

☑ 학원에서 어떤 과목을 공부합니까?

塾(じゅく)でどんな科目(かもく)を勉強(べんきょう)していますか。

쥬꾸데 돈나 가모꾸오 벤쿄-시떼 이마스까

☑ 학원에 다닌 적이 있습니까?

塾(じゅく)に通(かよ)ったことがありますか。

쥬꾸니 가욧따 고또가 아리마스까

단어

塾(じゅく) 학원

科目(かもく) 과목

동사의 과거형와 함께 ~ことがありますか라고 하면 동사의 경험을 한 적이 있는지를 질문하는 것입니다.

대화문

A : 다나카 씨는 학원에 다니고 있습니까?

田中(たなか)さんは塾(じゅく)に通(かよ)っていますか。

다나까상와 쥬꾸니 가욧떼 이마스까

B : 다니고 있어요.

通(かよ)っていますよ。

가욧떼 이마스요

A : 어떤 학원을 다니고 있습니까?

どんな塾(じゅく)に通(かよ)っていますか。

돈나 쥬꾸니 가욧떼 이마스까

B : 영어학원을 다니고 있습니다.

英語(えいご)の塾(じゅく)に通(かよ)っています。

에이고노 쥬꾸니 가욧떼 이마스

A : 영어회화입니까?

英会話(えいかいご)ですか。

에–까이고데스까

B : 아니요. 영어 시험 1급을 목표로 공부하고 있습니다.

いいえ。英検(えいけん)1級(きゅう)を目指(めざ)して勉強(べんきょう)しています。

이–에 에–껜잇뀨–오 메자시떼 벤꾜–시떼 이마스

단어

英語(えいご) 영어

英会話(えいかいご) 영어회화

英検(えいけん) 영어 검증시험

1級(きゅう) 1급

目指(めざ)す 목표로 하다

目指(めざ)す는 '목표를 가지다라는 뜻으로 자주 사용되는 표현입니다.

課題(かだい)はいつまで提出(ていしゅつ)ですか。

가다이와 이쯔마데 테-슈쯔데스까

패턴 094

'과제 제출은 언제까지인가요?'라는 뜻입니다. 학교나 회사 등의 업무에서 과제를 제출하는 기한에 대해 문의하는 표현방법입니다.

明日(あした)の授業(じゅぎょう)の前(まえ)に提出(ていしゅつ)したらいいそうです。

아시따노 쥬교-노 마에니 테-슈쯔시따라 이-소-데스

내일 수업 전에 제출하면 괜찮은 것 같아요.

今週末(こんしゅうまつ)まででしたよ。

곤슈-마쯔마데데시다요

이번 주말까지였습니다.

あ、課題(かだい)があったのをすっかり忘(わす)れていました。

아 가다이가 앗따노오 슷까리 와스레떼 이마시다

아, 과제가 있었다는 것을 깜박 잊고 있었습니다.

TIP

すっかり는 어떤 상황이나 내용을 모두 포함하는 범위로 '온통' 또는 '완전히' 등의 의미로 사용됩니다. 긍정문 또는 부정문에 모두 사용되어 내용을 강조할 때에 사용하는 표현입니다.

관련표현

☑ 과제 제출기간은 언제입니까?

課題(かだい)提出(ていしゅつ)の期限(きげん)はいつですか。

가다이테–슈쯔노 기겐와 이쯔데스까

☑ 언제까지 과제를 제출하지 않으면 안 됩니까?

いつまでに課題(かだい)を提出(ていしゅつ)しなければなりませんか。

이쯔마데니 가다이오 테–슈쯔시나께레바 나리마센까

☑ 다음 달 말까지입니다.

来月末(らいげつまつ)までです。

라이게쯔마쯔마데데스

☑ 과제에 대한 걸 깜빡 잊고 있었습니다.

課題(かだい)のことを度忘(どわす)れしてしまいました。

가다이노 고또오 도와스레시떼 시마이마시다

단어

提出(ていしゅつ) 제출

期限(きげん) 기한

来月(らいげつ) 다음 달

度忘(どわす)れする 깜빡 잊다

어떤 기간의 마감을 나타내는 말은 期限(きげん)입니다. 일반적인 '마감'은 締切(しめき)り라고 합니다. 이는 정해져 있는 마감이나 마감 일자를 말할 때에 사용합니다.

대화문

A : 야마모토 씨, 과제 제출은 언제까지입니까?

やま もと　　　か だい　　　　　てい しゅつ
山本さん、課題はいつまで提出ですか。

야마모또상 가다이와 이쯔마데 테–슈쯔데스까

B : 제가 알기로는 이번 달 말까지입니다.

わたし　　し　　かぎ　　　　　こん げつ まつ
私の知る限りでは今月末までですね。

와따시노 시루가기리데와 곤게쯔마쯔마데데스네

A : 야마모토 씨는 벌써 과제를 제출했습니까?

やま もと　　　　　か だい　　てい しゅつ
山本さんはもう課題を提出しましたか。

야마모또상와 모– 가다이오 테–슈쯔시마시따까

B : 내일 제출하려고 생각합니다.

あ し た　てい しゅつ　　　　　おも
明日提出しようと思っています。

아시따 테–슈쯔시요–또 오못떼 이마스

A : 참고로 조금만 봐도 되겠습니까?

さん こう　　　　　　　　み
参考にちょっとだけ見せてもらってもいいですか。

산꼬–니 춋또다께 미세떼 모랏떼모 이–데스까

B : 제 걸로 괜찮다면 여기요.

わたし
私のでよければどうぞ。

와따시노데 요께레바 도–조

단어

し　かぎ
知る限り 아는 한

げつ まつ
月末 월말

さん こう
参考 참고

～でよければ는 '～로 괜찮다면'이라는 뜻으로, 앞에는 이유나 요건의 내용을 함께 사용합니다.

패턴
095

習(なら)い事(ごと)をしていますか。

나라이 고또오 시떼 이마스까

'배우고 있는 것이 있나요?'라는 뜻입니다. 상대방 또는 지인에게 어떤 것을 배우고 있는지를 물어볼 때에 사용하는 표현입니다. 지인이나 동료 등과 친분을 쌓기 위해 필요한 대화 중의 하나입니다.

小(ちい)さいころからピアノを習(なら)っています。

찌-사이 고로까라 피아노오 나랏떼 이마스

어렸을 때부터 피아노를 배웠습니다.

小学生(しょうがくせい)の時(とき)から書道(しょどう)を習(なら)っています。

쇼-각세-노 도끼까라 쇼도-오 나랏떼 이마스

초등학생 때부터 서예를 배웠습니다.

子供(こども)の頃(ころ)はスイミングをして体(からだ)を鍛(きた)えましたけどね。

고도모노 고로와 스이밍구오 시떼 가라다오 기따에 마시따께도네

어린 시절은 수영을 해서 몸을 단련시켰었는데 말이죠.

TIP

習(なら)い事(ごと)는 취미나 여가 생활을 위한 목적으로 배우는 것을 의미하며, 앞에서 설명한 塾(じゅく)는 주로 학습을 목적으로 하는 것의 차이가 있다는 것을 알아두시기 바랍니다.

관련표현

☑ 초등학생 때 계속 주산을 배웠었습니다.

しょう がく せい　ころ　なら
小学生の頃ずっとそろばんを習っていました。

쇼-각세-노 고로 즛또 소로반오 나랏떼 이마시다

☑ 그림을 그리는 것을 좋아해서 그림교실을 다닙니다.

え　か　す　かい が きょう しつ　かよ
絵を描くのが好きで絵画教室に通っています。

에오 가꾸노가 스끼데 가이가쿄-시쯔니 가욧떼 이마스

☑ 요가를 배우기 시작했습니다.

なら　はじ
ヨガを習い始めました。

요가오 나라이하지메마시다

☑ 최근 피트니스에서 몸을 단련하고 있습니다.

さい きん　からだ　きた
最近フィットネスで体を鍛えています。

사이낀 휫또네스데 가라다오 끼따에떼 이마스

단어

しょうがくせい
小学生 초등학생

きた
鍛える 단련하다, 숙련시키다

そろばん 주판

ヨガ 요가

フィットネス 피트니스

일본의 교육시스템 중 한국의 초등학교에 해당하는 것은 小学校(しょうがくこう)라고 합니다. 또한 중학교는 中学校(ちゅうがっこう), 고등학교는 高等学校(こうとうがっこう)라고 합니다.

대화문

A : 스즈키 씨는 뭔가 배우고 있는 것이 있나요?

鈴木(すずき)さんは何(なに)か習(なら)い事(ごと)をしていますか。

스즈끼상와 나니까 나라이고또오 시떼 이마스까

B : 저는 저번 달에 영어회화교실에 등록하고 왔습니다.

私(わたし)は先月(せんげつ)英会話(えいかいわ)教室(きょうしつ)に登録(とうろく)してきました。

와따시와 센게쯔 에–까이와 교–시쯔니 도–로꾸시떼 끼마시다

A : 영어회화를 배워서 뭘 하고 싶습니까?

英会話(えいかいわ)を習(なら)って何(なに)がしたいですか。

에–까이와오 나랏떼 나니가 시따이데스까

B : 먼저 해외여행입니다.

まずは海外旅行(かいがいりょこう)です。

마즈와 가이가이료코–데스

A : 배운 영어회화를 금방 활용하시네요.

習(なら)った英会話(えいかいわ)をすぐに生(い)かせますね。

나랏따 에–까이와오 스구니 이까세마스네

B : 아직 시작한 참이에요.

まだ始(はじ)めたばかりですよ。

마다 하지메따바까리데스요

단어

習(なら)い事(ごと) 배우는 것

登録(とうろく)する 등록하다

習(なら)う 배우다, 습득하다

生(い)かす 활용하다

앞에서 ～ばかり는 동사의 기본형과 함께 사용할 경우 그 동작만 한다는 뜻이고, 동사의 과거형과 함께 사용할 경우 그 동작을 금방 완료한 상태임을 설명하였습니다. 위의 본문에서는 금방 동작을 완료한 상태를 의미합니다.

패턴 096

日本語(にほんご)は難(むずか)しいですか。

니혼고와 무즈까시-데스까

'일본어는 어렵나요?'라는 뜻입니다. 상대방에게 일본어가 어려운지를 물어 보는 표현입니다. 어떤 내용이나 상황이 어려운지를 질문하는 방법을 익혀 봅시다.

難(むずか)しいですが韓国語(かんこくご)に似(に)ているところもあります。

무즈까시-데스가 간꼬꾸고니 니떼 이루 도꼬로모 아리마스

어렵습니다만 한국어와 비슷한 부분도 있습니다.

漢字(かんじ)が難(むずか)しいです。

간지가 무즈까시-데스

한자가 어려워요.

韓国語(かんこくご)より易(やさ)しいです。

간꼬꾸고요리 야사시-데스

한국어보다 쉬워요.

TIP

易(やさ)しい는 어떤 내용의 난이도에 대한 내용과 함께 사용하여 '쉽다'라는 뜻으로 사용됩니다.

관련표현

☑ 한국어와 발음이 비슷한 것도 있습니다.

韓国語(かんこくご)の発音(はつおん)と似(に)ているものがあります。

간꼬꾸고노 하쯔온또 니떼이루모노가 아리마스

☑ 한자를 자주 사용합니다.

漢字(かんじ)がよく使(つか)われます。

간지가 요꾸 쯔까와레마스

☑ 한자에는 읽는 법이 여러가지 있습니다.

漢字(かんじ)には読(よ)み方(かた)がいろいろあります。

간지니와 요미가따가 이로이로 아리마스

☑ 한국어보다 일본어 쪽이 간단합니다.

韓国語(かんこくご)より日本語(にほんご)の方(ほう)が簡単(かんたん)です。

간꼬꾸고오리 니혼고노 호-가 간딴데스

단어

韓国語(かんこくご) 한국어

発音(はつおん) 발음

漢字(かんじ) 한자

読(よ)み方(かた) 읽는 방법

簡単(かんたん) 간단

일본어는 한국어와 마찬가지로 한자어를 사용하고 있으며 한자어를 표기하여 읽는 방법(読(よ)み方(かた))이 여러 가지가 있습니다.

대화문

A : 승현 씨 일본어는 어렵나요?

スンヒョンさん、日本語(にほんご)は難(むずか)しいですか。

슨횬상 니혼고와 무즈까시-데스까

B : 아직 모르는 말이 많이 있습니다.

まだわからない言葉(ことば)がたくさんあります。

마다 와까라나이 고또바가 다꾸상 아리마스

A : 무엇이 가장 어렵나요?

何(なに)が一番(いちばん)難(むずか)しいですか。

나니가 이찌방 무즈까시-데스까

B : 한자 읽는 법이요.

漢字(かんじ)の読(よ)み方(かた)です。

간지노 요미가따데스

A : 한자 읽는 법이 몇 가지 있어서 혼동하기 쉽죠.

漢字(かんじ)の読(よ)み方(かた)がいくつもあって紛(まぎ)らわしいですよね。

간지노 요미가따가 이꾸쯔모 앗떼 마기라와시-데스요네

B : 열심히 외울 수밖에 없어 보이네요.

一生懸命(いっしょうけんめい)覚(おぼ)えるしかないですね。

잇쇼-켄메- 오보에루시까나이데스네

단어

紛(まぎ)らわしい 혼동하기 쉽다

一生懸命(いっしょうけんめい) 열심히, 최선을 다해

覚(おぼ)える 외우다, 암기하다

'말'이라는 뜻으로 사용하는 단어는 言葉(ことば)와 話(はなし)가 있습니다. 言葉(ことば)는 단어 또는 언어를 의미하며 話(はなし)는 이야기를 의미합니다.

패턴
097

日本語を学んだ方がいいと思いますか。

니혼고오 마난다호-가 이-또 오모이마스까

'일본어를 배우는 편이 좋다고 생각하나요?'라는 뜻입니다. 상대방에게 일본어를 배우는 것에 대한 의견을 물어보는 표현입니다. 일본어를 배우고 있거나 배우기를 희망하는 사람 등에게 질문할 수 있는 대화 중의 하나입니다.

絶対必要だと思います。
젯따이 히쯔요-다또 오모이마스

꼭 필요하다고 생각합니다.

日本語が一番手軽に学べますよね。
니혼고가 이찌방 테가루니 마나베마스요네

일본어가 가장 손쉽게 배울 수 있지요.

学ぶ機会があったら学んだ方がいいと思います。
마나부 기까이가 앗따라 마난다호-가 이-또 오모이마스

배울 수 있는 기회가 있으면 배우는 편이 좋다고 생각합니다.

TIP

手軽に는 어떤 일이나 방법과 함께 '손쉽게' 또는 '부담없이 쉽게'라는 뜻으로 사용할 수 있습니다.

관련표현

☑ 일본어는 쉽게 배울 수 있다.

日本語(にほんご)は容易(たやす)く学(まな)べる。

니혼고와 다야스꾸 마나베루

☑ 배울 시간이 있으면 배우면 된다.

学(まな)ぶ時間(じかん)があったら学(まな)んだらいい。

마나부 지깐가 앗따라 마난다라 이−

☑ 일본어를 접할 기회가 많다.

日本語(にほんご)に触(ふ)れる機会(きかい)が多(おお)い。

니혼고니 후레루 기까이가 오−이

☑ 일본어가 꼭 필요하다고는 생각하지 않는다.

日本語(にほんご)が絶対必要(ぜったいひつよう)だとは思(おも)わない。

니혼고가 젯따이 히쯔요−다또와 오모와나이

단어

容易(たやす)く 쉽게

触(ふ)れる 접하다, 접촉하다

時間(じかん)があったら는 '시간이 있다면'이라는 뜻으로 약속을 하거나 어떤 기회를 등을 말할 때 사용되는 표현입니다. 어떤 상황을 가정하여 표현합니다.

대화문

A : 야마다 씨, 일본어를 배우는 편이 좋다고 생각합니까?

山田(やまだ)さん、日本語(にほんご)を学(まな)んだ方(ほう)がいいと思(おも)いますか。

야마다상 니혼고오 마난다호–가 이–또 오모이마스까

B : 일본어는 한국어보다 간단해요.

日本語(にほんご)は韓国語(かんこくご)より簡単(かんたん)ですよ。

니혼고와 간꼬꾸고요리 칸딴데스요

A : 한자가 자신이 없어서…

漢字(かんじ)が自信(じしん)なくて…

간지가 지신나꾸떼

B : 일본 사람도 한자를 못해요.

日本人(にほんじん)も漢字(かんじ)が苦手(にがて)ですよ。

니혼진모 간지가 니가떼데스요

A : 연습하는 수밖에 없군요.

練習(れんしゅう)するしかないですね。

렌슈–스루시까 나이데스네

B : 모르는 것이 있으면 저에게 물어 주세요.

わからないことがあったら私(わたし)に聞(き)いてください。

와까라나이 고또가 앗따라 와따시니 끼–떼 구다사이

단어

自信(じしん) 자신

苦手(にがて) 질색, 달가워하지 않음

練習(れんしゅう) 연습

~が苦手(にがて)는 어떤 내용이나 방법에 대해서 '서툴다' 또는 '능숙하지 못하다'라는 뜻입니다. 이때 사용되는 조사는 ~が입니다.

日本語(にほんご)を始(はじ)めて何年(なんねん)になりますか。

니혼고오 하지메떼 난넨니 나리마스까

패턴 098

'일본어를 시작하고 몇 년이 되었나요?'라는 뜻입니다. 상대방에게 일본어를 공부한 기간이 얼마인지를 물어볼 때에 사용하는 표현입니다. 일본어를 배우고 있는 사람 등에게 질문할 수 있는 대화 중의 하나입니다.

かれこれ10年(ねん)になります。 **거의 10년이 됩니다.**

가레코레 쥬—넨니 나리마스

まだ1年(ねん)になりません。 **아직 1년이 안 됩니다.**

마다 이찌넨니 나리마센

3年目(ねんめ)ですね。 **3년째입니다.**

산넨메데스네

TIP

앞에서 일본어로 순서 또는 순번을 나타내는 말은 숫자와 함께 番目(ばんめ)를 사용한다는 것을 설명했습니다. 위의 예문에서 보듯이 어느 기점을 기준으로 몇 년째를 말할 경우에는 순서가 아닌 년수를 말하는 3年目(ねんめ)와 같이 사용하는 것을 알아 두시기 바랍니다.

관련표현

☑ 대략 세어봐도 5년이 되었습니다.

ざっと数(かぞ)えて5年(ねん)になります。

갓또 카조에떼 고넨니 나리마스

☑ 아직 1년은 못 미치는 정도입니다.

まだ1年(ねん)に満(み)たないくらいです。

마다 이찌넨니 미타나이구라이데스

☑ 빨리도 10년 넘었네요.

早(はや)くも10年(ねん)超(こ)しますね。

하야꾸모 쥬-넨 고시마스네

☑ 2년째입니다.

2年(ねん)目(め)になりました。

니넨메니 나리마시다

단어

ざっと 대략

満(み)たない 미치지 못하다, 모자라다

超(こ)す 초월하다

~年(ねん)目(め) ~년째

ざっと는 '대략' 또는 '대충'이란 뜻으로 정확한 계산이 아니지만 어떤 내용을 전달할 때에 사용하는 표현입니다.

대화문

A : 일본어를 시작하고 몇 년이 됩니다까?

日本語(にほんご)を始(はじ)めて何年(なんねん)になりますか。

니혼고오 하지메떼 난넨니 나리마스까

B : 이미 5년이 됩니다.

はや5年(ねん)になります。

하야 고넨니 나리마스

A : 꽤 향상했네요.

ずいぶん上達(じょうたつ)しましたね。

즈이분 죠–타쯔시마시다네

B : 야마다 씨 덕분입니다.

山田(やまだ)さんのお陰(かげ)です。

야마다상노 오까게데스

A : 이제 일본인처럼 말할 수 있어요.

もう日本人(にほんじん)みたいに話(はな)せますよ。

모– 니혼진미따이니 하나세마스요

B : 아직 미치지 못해요.

まだまだ及(およ)びません。

마다마다 오요비마센

단어

はや 이미, 벌써

上達(じょうたつ)する 향상되다

及(およ)ばない 미치지 못하다, 못 미치다

~みたい는 '~같이 보인다'라는 뜻으로 자신의 의견이나 확정적인 사실이 아니라 본인의 추측이나 전해 들은 내용에 대한 내용을 전달할 때 사용합니다.

패턴 099

何時(なんじ)から授業(じゅぎょう)がありますか。

난지까라 쥬교–가 아리마스까

'몇 시부터 수업이 있습니까?'라는 뜻입니다. 학생 등의 상대방에게 수업 등의 일정의 시작 시점을 물어볼 때에 사용하는 표현입니다.

9時(じ)から授業(じゅぎょう)があります。 **9시부터 수업이 있습니다.**

구지까라 쥬교–가 아리마스

午後(ごご)から授業(じゅぎょう)があります。 **오후부터 수업이 있습니다.**

고고까라 쥬교–가 아리마스

今日(きょう)は授業(じゅぎょう)がありません。 **오늘은 수업이 없습니다.**

쿄–와 쥬교–가 아리마센

TIP

일본어에서 '9'라는 수는 きゅう 또는 く라고 발음할 수 있습니다. 위의 예문에서와 같이 9時(じ)를 말하고자 할 때에는 오직 く라고 발음하므로 9時(くじ)라고 읽습니다. 참고로 개수를 말하는 '9개'는 9つ(ここのつ)라고 말합니다.

관련표현

☑ 수업은 몇 시부터입니까?

授業(じゅぎょう)は何時(なんじ)からですか。

쥬교-와 난지까라데스까

☑ 오후는 수업이 몇 시부터 있습니까?

午後(ごご)は授業(じゅぎょう)が何時(なんじ)からありますか。

고고와 쥬교-가 난지까라 아리마스까

☑ 시험기간이어서 수업이 없습니다.

試験期間(しけんきかん)なので授業(じゅぎょう)はありません。

시껜끼깐나노데 쥬교-와 아리마센

☑ 매일 시간표가 정해져 있습니다.

毎日(まいにち)時間割(じかんわり)が決(き)まっています。

마이니찌 지깐와리가 끼맛떼 이마스

단어

授業(じゅぎょう) 수업

試験期間(しけんきかん) 시험기간

時間割(じかんわり) 시간표

時間割(じかんわり)는 '시간표' 입니다. 이는 하루의 일정을 시간별로 분배해 놓은 계획을 말할 때에 사용합니다.

대화문

A : 시미즈 씨, 내일은 몇 시부터 수업이 있습니까?

しみず　あした　なんじ　じゅぎょう
清水さん、明日は何時から授業がありますか。

시미즈상 아시따와 난지까라 쥬교―가 아리마스까

B : 내일은 오후 1시부터 있습니다.

あした　ごご　じ
明日は午後1時からあります。

아시따와 고고 이찌지까라 아리마스

A : 오전 수업은 휴강입니까?

ごぜん　じゅぎょう　きゅうこう
午前の授業は休講ですか。

고젠노 쥬교―와 큐―꼬―데스까

B : 교수님의 사정으로 휴강이 됐습니다.

きょうじゅ　つごう　きゅうこう
教授の都合で休講になりました。

교―쥬노 쯔고―데 큐―꼬―니 나리마시다

A : 원래 오전은 몇 시부터 수업이 있습니까?

ごぜん　なんじ　じゅぎょう
もともと午前は何時から授業がありますか。

모또모또 고젠와 난지까라 쥬교―가 아리마스까

B : 오전 수업은 11시부터입니다.

ごぜん　じゅぎょう　じ
午前の授業は11時からです。

고젠노 쥬교―와 쥬―이찌지까라데스

단어

ごご
午後 오후

ごぜん
午前 오전

きゅうこう
休講 휴강

일본어는 동일한 의미의 단어를 중복 사용하여 본래의 의미를 강조하는 단어가 많습니다. もともと는 '원래' 또는 '본디부터'라는 뜻으로, 동일한 의미를 가지는 元(もと)가 중복 사용되는 관용어입니다.

試験はどうでしたか。

시껜와 도-데시다까

패턴 100

'시험은 어땠나요?'라는 뜻입니다. 상대방에게 시험의 내용이나 결과를 물어볼 때에 사용하는 표현입니다.

意外と簡単でした。 의외로 간단했습니다.

이가이또 간딴데시다

文法の問題が難しかったです。 문법 문제가 어려웠습니다.

분뽀-노 몬다이가 무즈까시깟따데스

結果が出るまで何とも言えないですね。 결과가 나올 때까지 뭐라고 말할 수 없습니다.

겟까가 데루마데 난또모 이에나이데스네

TIP

何とも言えない는 어떤 상황에 대하여 자신의 의견이나 생각을 쉽게 말할 수 없는 경우에 사용하는 표현 방법입니다.

관련표현

☑ 시험 어땠어요?

テストどうでした。

테스또 도–데시다

☑ 의외로 어려웠습니다.

意外(いがい)と難(むずか)しかったです。

이가이또 무즈까시깟따데스

☑ 노력한 보람이 있습니다.

努力(どりょく)した甲斐(かい)がありました。

도료꾸시따 가이가 아리마시다

☑ 결과가 나올 때까지 얼마나 걸립니까?

結果(けっか)が出(で)るまでどのくらいかかりますか。

겟까가 데루마데 도노구라이 가까리마스까

단어

テスト 테스트, 시험

努力(どりょく) 노력

甲斐(かい) 보람, 효과

結果(けっか) 결과

'노력하다'는 努力(どりょく)する라는 말을 사용합니다. 비슷한 표현으로 頑張(がんば)る가 있습니다. 이는 '열심히 하다'라는 뜻으로 일본인들이 가장 많이 쓰고 좋아하는 표현입니다.

대화문

A : 야마모토 씨, 시험은 어땠어요?

山本(やまもと)さん、試験(しけん)はどうでしたか。

야마모또상 시껜와 도-데시다까

B : 생각했던 것보다 간단했습니다. 스즈키 씨는요?

思(おも)ったより簡単(かんたん)でした。鈴木(すずき)さんは。

오못따요리 간딴데시다 스즈끼상와

A : 공부했는데 한 가지 떠오르지 않아서.

勉強(べんきょう)したのに一(ひと)つ思(おも)い出(だ)せなくて。

벤쿄-시따노니 히또쯔 오모이다세나꾸떼

B : 결과가 나올 때까지 몰라요.

結果(けっか)が出(で)るまでわからないですよ。

겟까가 데루마데 와까라나이데스요

A : 결과는 언제 나오나요?

結果(けっか)はいつでるんですか。

겟까와 이쯔데룬데스까

B : 다음 주에 인터넷으로 알려 줄 모양입니다.

来週(らいしゅう)ネットで知(し)らせるようです。

라이슈- 넷또데 시라세루요-데스

단어

思(おも)ったより 생각했던 것보다

勉強(べんきょう) 공부

思(おも)い出(だ)す 생각이 떠오르다

ネット 인터넷

知(し)らせる 알려 주다

知(し)らせる는 수동형으로 사용하여 행위의 주체로부터 '알게 된다'는 뜻을 가집니다. 참고로 소식이나 알림 등은 **知(し)らせ**라고 합니다 특히 공고문 등의 제목으로 알림이라고 할 때는 **お知らせ**라고 합니다.

복습하기 [패턴 091-100] 학습

★ 091 뭔가 질문 있나요?

なに しつもん
何か質問ありますか。

나니까 시쯔몬 아리마스까

★ 092 전공이 뭔가요?

せんこう なん
専攻は何ですか。

센코-와 난데스까

★ 093 학원에 다니고 있습니까?

じゅく かよ
塾に通っていますか。

쥬꾸니 가욧떼 이마스까

★ 094 과제 제출은 언제까지인가요?

かだい ていしゅつ
課題はいつまで提出ですか。

가다이와 이쯔마데 테-슈쯔데스까

★ 095 배우고 있는 것이 있나요?

なら ごと
習い事をしていますか。

나라이 고또오 시떼 이마스까

★ 096 일본어는 어렵나요?

にほんご むずか
日本語は難しいですか。

니혼고와 무즈까시-데스까

★ 097 일본어를 배우는 편이 좋다고 생각하나요?

にほんご まな ほう おも
日本語を学んだ方がいいと思いますか。

니혼고오 마난다호-가 이-또 오모이마스까

★ 098 일본어를 시작하고 몇 년이 되었나요?

にほんご はじ なんねん
日本語を始めて何年になりますか。

니혼고오 하지메떼 난넨니 나리마스까

★ 099 몇 시부터 수업이 있습니까?

なんじ じゅぎょう
何時から授業がありますか。

난지까라 쥬교-가 아리마스까

★ 100 시험은 어땠나요?

しけん
試験はどうでしたか。

시껜와 도-데시다까